KB253866

오끼나와,
구조적 차별과 저항의 현장

오끼나와,
구조적 차별과 저항의 현장

아라사끼 모리떼루 지음 | 백영서·이한결 옮김

제3장 중국의 대국화와 미일동맹의 공동화, 그리고 동일본대지진

제4장 구조적 오끼나와 차별 극복의 가능성을 어디서 찾을 것인가

일러두기
1. 본문에서 별도 표시가 없는 것은 원문의 주이다. 각주는 모두 옮긴이의 것
   이다.
2. 외국 인명·지명은 현지발음에 가깝게 우리말로 표기했다. 일본의 행정구
   역명과 책제목 등 일부 고유명사는 우리말 한자음대로 표기했다.
3. 독자의 이해를 돕기 위해 원문에 없는 부분을 추가한 경우에는 〔 〕로 표
   시했다.

시작하며

구조적 오끼나와 차별이란 무엇인가

오끼나와의 지역신문 『오끼나와타임즈』나 『류우뀨우신보(琉球新報)』의 사설·기고문·투고 등에서 '구조적 오끼나와 차별'이라는 문구가 빈번하게 사용된 것은, 후뗀마(普天間)기지의 이전지는 '국외, 최악의 경우라도 현외(縣外)'라는 목표를 내걸고 2009년 9월에 발족한 하또야마 유끼오(鳩山由紀夫) 연립정권이 이듬해인 2010년 6월에 좌절한 시기부터였다고 말해도 좋을 것이다. 그것은 하또야마 정권의 좌절이 구조적 오끼나와 차별의 존재를 부각했기 때문이다. 적어도 오끼나와의 입장에서 보면 그것은 누가 보더라도 명백한 것이었다. 오끼나와의 현상황 타파를 생각할 때 구조적 오끼나와 차별이 키워드가 될 수밖에 없는 까닭이다.

　2009년 8월의 총선거에서 60여년에 걸친 전후정치의 폐색(閉塞)상황 타파를 요구하는 국민여론을 반영하여 정권교체가 이루어졌다. 정권을 인수한 민주당은 이른바 정치적 혼성집단이었는데, 자민당보다 상대적으로 리버럴한 측면을 많이 갖고 있었다. 혼성집단으로서 민주당은 외교안전보장 정책을 비롯해 그 정권공약에서도 정합성이 결여된 점이 적지 않았지만, 인도양에서의 급유활동(아프가니스탄 다국적군 지원활동) 중지, 동아시아공동체 구상 제창, 오끼나와의 과중한 부담을 피하기 위한 후뗀마 대체시설의 '국외·현외 이설(移設)' 등 개별 정책들을 전체적으로 보면, 분명히 대미종속적이었던 전후정치의 궤도를 수정하고자 하는 방향성을 지니고 있었다. 그러나 미국은 하또야마 정권의 아주 사소한 궤도수정조차 인정하지 않으려 했다. 미국정부의 압력 앞에서 정권 발족 후 1개월도 채 지나지 않은 동안 오까다 카쯔야(岡田克也) 외상, 키따자와 토시미(北澤俊美) 방위상 등 대미교섭의 전면에 나서야 하는 주요각료가 외무·방위관료와 결탁해 방침을 전환하고, 전후정치에 익숙해져 있던 언론도 미일동맹을 상처입히지

그림1　표제 위로부터 '오끼나와의 기지 집중은 '차별': 현민 50% "차별이라고 생각한다"' '구조적 차별 지금도 여전히' '불평등감으로 차이가 선명' '차별인식 낙차는 왜'

말라는 대합창을 하또야마 수상에게 계속해서 불러댔다. 하또야마 수상을 끝까지 지지한 것은 정권교체로 활성화된 오끼나와 여론과 연립여당·사민당뿐이었다.

그러나 하또야마 수상은 신기지건설에 반대하는 이나미네 스스무(稻嶺進)가 당선된 2010년 1월의 나고(名護) 시장선거, 오끼나와 현의회가 '미군 후뗀마 비행장의 조기폐쇄·반환과 현내이설에 반대하며 국외·현외 이설을 요구하는 의견서'를 전원일치로 채택한 것(2월), 그것을 이어받

은 형식의 현민대회(4월) 등에서 드러난 오끼나와의 민의
를 활용하지 못한 채 좌절하였다.

2010년 5월 28일, 자민당·공명당 연립정권(자공정권自公
政權)이 '미일동맹의 미래를 위한 변혁과 재편'(2005. 10) 및
'재편실시를 위한 미일의 로드맵'(2006. 5)에서 오끼나와를
제쳐두고 미국과 약속한 후뗀마 대체시설을 오끼나와현
헤노꼬(邊野古)에 이설하는 미일합의만 재확인한 채 하또
야마 정권은 붕괴했다. 하또야마 정권이 시도했다가 실패
한 것은 오끼나와 차별의 시정(是正)이었다.

'요꾸시는 유꾸시'

'국외·현외 이설'에 실패하고 헤노꼬 이설안으로 되돌
아왔을 때 하또야마 수상은 그 이유를 "공부하면 공부할수
록 오끼나와에 주둔하는 미군 해병대가 억지력으로서 필
요하다는 것을 인식했기" 때문이라고 이야기했다. 이 이
야기가 보도된 다음날, 지역신문의 투고란에는 「요꾸시(抑
止)는 유꾸시(그クシ)다」라는 글이 게재되었다. '유꾸시'는
거짓말이라는 의미의 오끼나와말(우찌나구찌ウチナーグチ)이
다. 이 무렵부터 '요꾸시는 유꾸시'라는 표현이 많은 사람
의 입에 오르게 되었다.

12

몇십년 동안이나 오끼나와에 눌러앉아 있는 미 해병대가 전쟁억지력으로서의 역할을 다한 적이 있었을까. 누구나 잘 알고 있는 것은 오끼나와 주둔 미군, 그중에서도 해병대가 오끼나와를 베트남침공의 거점으로 활용했다는 점이다. 이라크에도 가고 아프가니스탄에도 갔었다. 그렇지만 그것이 억지력일까.

하또야마 전 수상은 "미 해병대가 억지력으로서 필요"하다고 말한 지 채 1년도 지나지 않아서 지역신문인『오끼나와타임즈』사·『류우뀨우신보』사·쿄오도오통신사(共同通信社)와의 회견(2011년 1월 31일과 2월 8일 2회에 걸쳐 5시간 동안 진행되었다)자리에서 "그 말은 방편이라면 방편"이라 말했다. 하또야마 전 수상 스스로가 '억지는 거짓말'이라고 인정한 것이다. 이 하또야마 발언은 여러 매체와 국회논의에서 하또야마의 무책임함을 나타내는 것이라고 비난받았지만, 오히려 그 정직함을 평가해야 할 것이다. 오끼나와에 관계한 역대수상 중에서, 설령 사임한 이후라 할지라도, 자신의 정치적 의도를 오끼나와 지역신문을 통해서 오끼나와 민중에게 상세하게 이야기한 것은 하또야마 유끼오 단 한명뿐이었던 것이다.

그리고 중요한 것은 하또야마가 다음과 같이 발언하고

있다는 것이다.

"내가 생각하는 것 같은 아이디어는 한낱 웃음거리에 부쳐지는 것이 아닌가. 나와 함께 이설문제를 생각해야 할 방위성·외무성이 실은 미국과의 관계의 베이스(현내이설)를 중시했다. (…) 방위성도 외무성도 오끼나와 미군기지의 존재를 당연시했으며, 수십년 동안 그들의 발상 속에 상당히 응고되어 있다. 움직여보고자 했으나 원점으로 돌아와버렸다."(『오끼나와타임즈』 2011. 2. 13)

이 수십년에 걸친 사고정지(思考停止) 상태 속에서 '오끼나와 미군기지의 존재에 대한 당연시'야말로 구조적 오끼나와 차별인 것이다.

뒤에 설명하겠지만 이 구조는 연합군, 실질적으로는 미군의 점령정책을 기점으로 삼고 있다. '상징천황제(象徵天皇制)'[1]와 '일본의 비무장화'와 '오끼나와의 분리·군사지

____

1 전후 미국의 허용 아래 유지되는 형태의 천황제. 일본헌법은 천황을 일본과 일본국민의 통합의 '상징'으로 규정한다. 그 지위는 주권자(주권재민)인 일본국민의 총의에 기초하는 것으로 여겨지며(제1조), 국회에서 결의하는 황실전범에 입각하여 세습된다(제2조). 천황의 직무는 국사행위(國事行爲)로 한정되며(제7조), 내각의 조언과 승인을 필요로 한다(제3조). 단, 국정에 관한 기능을 전혀 갖지 않는다(제4조). 한편 메이지헌법(제국헌법)에서도 국가원수인 천황은 명문상의 규정이 없어도 국가의 상징이었다. 현행헌법은 천황에게 실질적인(내각총리대

배'가 삼위일체의 관계를 이루었다. 곧이어 '일본의 비무장화'는 '미국의 하위동맹자'로 치환되고, 강화(講和) 후의 미일관계를 규정해왔다.

하지만 일본전후사의 연구와 기술(記述)에 있어서 오랫동안 '오끼나와의 분리·군사지배'는 누락되어 있었다. 나는 1960년대 말 이래로 그 점을 반복해서 지적해왔다. 그리고 이 구조를 '구조적 오끼나와 차별'이라는 말로 표현한 것은, 쿠리하라 아끼라(栗原彬)가 엮은 『일본사회의 차별구조』(『강좌: 차별의 사회학』 제2권, 弘文堂 1996)에 수록된 「현대 일본에서 구조적 오끼나와 차별로서의 미일안보(現代日本における構造的沖繩差別としての日米安保)」라는 글을 쓴 즈음부터였다고 생각한다. 이 강좌의 엮은이가 당초 내게 기대한 것은 전전(戰前)에 오오사까지방 등에서 흔히 볼 수 있었다는 '조선인과 류우뀨우인 사절'이라는 전세표찰이 상징하는, 모종의 민족차별적 문제의 해명이었을 것이다.

그러나 내게 중요한 과제는 사쯔마(薩摩)의 류우뀨우 침략이나 류우뀨우처분까지[2] 거슬러올라가 이야기되는 경향

신이 행사하는 행정상의) 권한이 없다는 점에서 제국헌법과 다르다.

2 류우뀨우 침략(일본식 표기는 琉球征伐)은 1609년 일본의 사쯔마번이 류우뀨우국에 침략해 발생한 전쟁이다. 이후 류우뀨우국은 유지된 채

이 있는 모종의 민족차별보다, 그런 차별감정마저 이용하면서 정책적으로 누적되어 강요당해온 '구조적 차별로서의 미일안보'였다. 그로부터도 20년 가까운 세월이 흘렀다.

이제는 '(구조적)차별'이라는 단어를 사용하지 않고서는 기지가 집중된 오끼나와의 현실을 설명하기 어렵다.

'구조적'이라는 단어를 『일본국어대사전』(小學館 1973)에서 찾아보면 "어떤 전체를 구성하는 여러 요소가 상호관련하고 있는 모양. 하나의 정리된 것으로서 조립되어 있는 모습"이라고 쓰여 있다.

'구조적 오끼나와 차별'에 입각해 말하자면, 일본·미국·오끼나와·기지 등 다양한 요소가 엮어내는 구조에서 오끼나와에 대한 기지강요를 중심으로 하는 차별적 구조는 미일안보체제 유지에 필요불가결한 요소로 여겨져왔다. 그리고 그것은 시간이 지나면서 '오끼나와 미군기지의 존재에 대한 당연시'라는 사고정지도 낳았다.

사쯔마번의 종속국이 되었고 이로써 중국과 일본 모두에 속하는 이중 조공 상태에 놓이게 되었다.

류우뀨우처분(琉球處分)은 1872년 메이지정부가 원래의 류우뀨우 왕국을 폐지하고 류우뀨우번으로 만들었다가, 1879년에 폐번치현을 통해 오끼나와현으로 개조하기까지의 일련의 시책을 가리킨다.

그런 가운데 일본정부는 미군재편 재검토협의에서 해병대 일부를 (일본)본토에 이전하고 싶다는 미국의 제안을 거부하고, 수직이착륙형 수송기 MV22오스프레이(Osprey)[3] 배치도 당초에는 본토의 미군기지에서 선행 운용할 예정이던 것을 그 지역의 반발로 단념했다. 그런 한편 맹렬한 반발의 소리가 있음에도 오끼나와에는 배치를 강행하려고 한다. 수상이나 각료는 오끼나와를 방문할 때마다 '오끼나와의 민의(民意)에 귀 기울이겠다'는 말을 입에 담지만 귀 기울이는 시늉을 할 뿐 실행한 적은 없다. 이러한 정치현실에 대해서 오끼나와의 많은 이들은 '(구조적)차별'이라는 표현을 사용하지 않을 수 없게 된 것이다.

'구조적 오끼나와 차별'이라는 말이 오끼나와의 현상황을 규정하는 단어로서 어느정도의 시민권을 갖게 된 지금, 다시금 그 역사적 성격을 정리하고 이것을 극복할 방법을 찾아보고자 한다.

---

3 미국의 벨·헬리콥터사와 보잉사가 공동개발한 군용수송기로 수직이착륙 및 단거리이착륙 능력을 갖추었다. 미 해병대에서 운용 중이며 미 해군과 공군에도 배치가 결정되었다. 시험비행 단계부터 여러차례 사고가 발생하고 사망자도 다수 생겨서 일본의 언론과 시민 등의 보도와 비난이 있었으며, 오끼나와에서는 'No 오스프레이 오끼나와 현민대회' 같은 반대운동이 전개되었다.

그림2 오끼나와섬의 군사기지

18

제1장
전후 미일관계와 오끼나와

점령정책에서 일본과 오끼나와의 위치

구조적 오끼나와 차별 위에 확립된 전후 미일관계와 복귀운동

안보개정과 구조적 오끼나와 차별

오끼나와 반환과 안보문제의 국지화

1. 점령정책에서 일본과 오끼나와의 위치

대미종속적 미일관계의 출발

일본점령 당초에 미국, 적어도 미국의 군부는 점령정책을 원활하게 수행하기 위해 일본국민 속에 깊게 뿌리내린 천황제를 유지, 이용하려 했다. 그리고 일본국민의 천황신앙, 천황을 향한 충성심 그 자체에 군사적 위협을 느끼는 필리핀·오스트레일리아·뉴질랜드 등 태평양지역 연합국의 근심을 불식하기 위해서도 일본을 비무장국가로 만드는 방침을 택했다. 미국과 태평양지역에서 패권을 다투었던 일본제국주의의 이빨을 뽑아낸 것이다.

동시에, 일본을 감시하고 비무장국가 일본에 대한 주변 국가들의 영향력 침투를 막기 위해 오끼나와를 일본에서 분리해 미국의 군사적 거점으로서 배타적 지배 아래 두고자 했다. 이러한 생각은 미국 군부에는 이른 시기부터 존재했으며, 18만 대군을 이끌고 오끼나와섬에 상륙한 미군 사령관 버크너(Simon B. Buckner) 중장도 오끼나와 상륙 직후 니미츠(Chester W. Nimitz) 원수에게 "오끼나와를 '보호령' 내지 그밖의 적당한 명목으로 배타적으로 지배

할” 필요성을 진언했다고 한다. 또한, 오끼나와 점령 후에는 미군이 피 흘려 획득한 이 섬을 손에서 놓기 싫다는 감정도 강해졌을 것이다. 이리하여 상징천황제·일본의 비무장화·오끼나와의 (분리)군사지배는 점령정책에서 삼위일체의 관계가 되었다.

구조적 오끼나와 차별을 토대로 성립하는 대미종속적 미일관계는 여기서 시작된다. ‘오끼나와를 25년 내지 50년 미군 통치에 맡기는 것에 대해 이의 없다’는 1947년의 이른바 천황메시지나, 강화 후에도 미군 주둔을 희망한다는 천황의 연합군총사령부(GHQ)를 향한 적극적인 움직임 등은 천황이 이 구조 안에서 스스로에게 주어진 역할을 다한 것이라고 말할 수 있겠다.

일본의 비무장화는 일본헌법에도 명기되어 그것은 평화헌법이라 불린다. 한편, 1945년 12월의 중의원 의원선거법 개정으로 오끼나와 현민의 선거권은 정지되었다. 이 헌법을 심의한 1946년 국회에 오끼나와에서 선출된 의원은 없었다. 평화헌법은 오끼나와를 제외함으로써 성립되었던 것이다.

하위동맹자

동서냉전이 노골화하고 중국대륙에서 국공내전이 공산당 우세로 전개되면서 중화인민공화국의 성립이 가시화하기 시작하자, 미국은 일본을 비무장화한다는 방침을 180도 전환했다. 태평양지배의 파트너로서 친미적인 중국을 기대할 수 없게 된 미국은 패권을 다투었던 적대자 일본을 '하위동맹자'로 보호·육성·이용하는 방침으로 전환해, 미국 내 시장을 개방하고 경제적 부흥을 지원함과 동시에 일본의 재군비화를 촉진했다.

1950년 6월 한국전쟁이 발발하자 같은 해 8월에는 전후 일본의 첫 군대로서 경찰예비대(警察豫備隊, National Police Reserve)[4]가 발족했다. '비무장국가'에서 '미국의

---

4 1950년 8월 10일 GHQ의 포츠담법령 중 하나인 '경찰예비대령'(1950년 법령 제260호)으로 설치된 무장조직. 한국전쟁으로 인해 일본에 주둔하던 미군 4개 사단이 한반도로 이동해 일본에 방위·치안유지병력이 존재하지 않게 됨에 따라, 같은 해 7월 8일 연합군총사령관 매카서(D. MacArthur) 원수는 요시다 시게루(吉田茂) 수상에게 '일본경찰력 증강에 관한 서간'을 제시하고 '사변·폭동 등에 대비하는 치안경찰대'로서 7만 5천명의 '경찰예비대'를 창설할 것을 요청했다. 1952년 4월 28일 쌘프란시스코강화조약이 발효되어 경찰예비대령을 포함한 포츠담법령이 효력을 상실하자, 일본정부는 해상경비대와 경찰예비대를 통합하는 보안청 구상 아래 '보안청법(保安廳法, 1952년 법률 제265호)'을 만들어 같은 해 8월 1일에 보안청을 발족했다. 경찰예비대

하위동맹자'라는 정책전환의 연장선상에서 1951년 9월 8일 쌘프란시스코 2대조약(대일평화조약과 미일안보조약)이 체결되고, 1952년 4월 28일 조약이 발효되었다.

2. 구조적 오끼나와 차별 위에 확립된 전후 미일 관계와 복귀운동

대일평화조약 제3조와 미일안보조약

1952년의 대일평화조약 체결로 일본은 국제사회에 복귀했으나, 오끼나와는 이 조약 제3조에 의해 계속해서 미군정 아래 놓이게 되었다. 또한 같은 시기에 체결된 구(舊)미일안보조약[5]에 따라 미국은 일본 전역에 미군기지를 계

는 같은 해 10월 15일 보안청의 보안대 발족과 함께 정식으로 완전폐지되었다.

5 정식명칭은 미국과 일본 간 안전보장조약(Security Treaty between the United States and Japan). 일본의 안전보장에 미국이 관여하고 미군을 일본 내에 주둔시키는 것에 대해 규정한 양국간 조약. 구조약은 전문(前文)과 5개조로 구성되며 미군이 일본 내에 계속 주둔하는 것을 골자로 삼고 있다. 조약에 기한은 없으며 주둔 이외의 원조가능성과 내란대응에 대해서 언급하고 있으나 방위의무는 명확하게 언급되지 않았다. 이 때문에 방위의무와 내란조항 삭제 등을 명확하게 언급한 신

속 유지하게 되었다. 미국이 일본 전역에 군사기지를 유지할 수 있게 되었음에도 불구하고 오끼나와를 일본에서 분리해 배타적 지배 아래 두었던 것은, 주권국가와의 조약에 입각한 기지는 결코 안정적인 것이 아니었기 때문이다.

일본본토에서는 대미종속적 안보체제 아래서도 미군기지의 건설이나 운용이 국내법과 국민여론의 제약을 받을 수밖에 없었던 반면, 오끼나와에서는 미군의 고시나 포고가 곧 법이었으며 미군정에 비판적인 여론은 직접탄압의 대상으로 삼을 수 있었다. 이것은 주민이 완전한 무권리 상태에 놓인다는 것을 의미했다.

그러나 이 시기까지는 이러한 미국·일본·오끼나와의 관계가 반드시 구조적으로 파악된 것은 아니었다. 오히려 '미군정 아래 남겨진 오끼나와'라고 파악하는 방식이 일반적이었다. 그리하여 '평화헌법으로의 복귀'를 지향하는 일본복귀운동이 민중운동의 주류가 되었다. 미국의 군용지정책에 반대하는 '섬 전체(의 토지) 투쟁(島ぐるみ鬪爭)'[6]에서도 '국토의 단 한평도 미국에 팔아넘기지 않겠다'

미일안보조약이 1960년에 체결되었고, 구미일안보조약은 1960년 6월 23일 효력을 상실했다.

6 오끼나와를 점령한 미군은 전시(戰時) 국제법에 입각해 필요한 토지

는 것을 강조하고, 선거 슬로건에도 "일본인의 혼과 긍지를 견지하라"라는 문구가 아로새겨졌다. 그리고 이 '섬 전체 투쟁'의 내셔널리즘은 야마또(ヤマト)[7]에서도 상당한 반향을 불러일으켰다. 특히 신문의 투서 등에 보이는 일반민중의 민족적 공감은 오끼나와문제를 자신의 피부에 닿는 것으로 받아들이고자 했다.

전후 오랫동안 오끼나와는 '잊혀진 섬'이었다. 야마또에서 오끼나와가 크게 부각된 것은 1953년 1월에 공개된 영화「히메유리의 탑」(ひめゆりの搭, 감독 이마이 타다시今井正)에 의해서였다. 이 영화가 상영될 때까지 야마또의 일반민중

를 점유하고 있었으나, 쌘프란시스코강화조약이 체결되면서 '전시'가 '평시'로 이행함에 따라 모종의 법적 조치가 필요해졌다. 또한 군용지 지주들로부터 지대(地代) 지불을 요구하는 목소리도 높아졌다. 같은 시기 군용지 확장을 위해 대규모 토지수용을 개시한 미군에 대한 반대 운동이 격화하자 미 민정부는 지대의 '일괄지불'을 통해 사태를 수습하려 했으나, 류우뀨우 입법원이 이에 반대해 1954년 4월에는 '토지를 지키는 4원칙'(일괄지불 반대, 적정보상, 손해배상, 신규접수 반대)이 결의되었다. 이 문제를 해결하기 위해 1955년 10월 오끼나와를 방문한 미 하원 조사단이 기본적으로 미 민정부의 방식을 정당한 것으로 평가하는 보고서(이른바 '프라이스 권고')를 1956년 6월에 발표하자 이에 대해 보수와 혁신의 틀을 넘어 오끼나와 전주민이 참여한 반대운동이 일어났다. 이 반대운동을 '섬 전체 투쟁'이라 한다.
7 일본본토를 가리키는 오끼나와말.

대다수는 오끼나와전의 실태를 알 수가 없었다. 이 영화가 개봉된 후 각종 신문과 잡지에 큰 반향이 있었는데 대부분 이 영화를 격찬하며 반전·평화를 호소하는 것이었다.

영화「히메유리의 탑」이 오끼나와전의 실태를 야마또의 일반민중 사이에 널리 침투시키기는 했지만, 그것은 오끼나와의 '현실'과는 단절된 것이었다. 오끼나와 '현실'을 일본국민의 눈앞에 들이민 것은 1955년 1월 13일 『아사히신문』의 특집기사「미군의 '오끼나와 민정', 그 핵심을 찌르다」였다. 사회면 전면을 차지한 이 기사(이른바 '아사히 보도') 는 자유인권협회[8]가 약 10개월에 걸쳐 작업한 조사결과에 기초한 것이었다. 다만, 자유인권협회가 현지조사를 실시한 것은 아니었다. 오끼나와로의 도항이 금지되어 있었기 때문이다.[9] 자유인권협회의 조사는 간접적인 자료조사와 토오꾜오에 거주하는 오끼나와 출신자를 대상으로 실시한

---

8 1947년 11월에 설립, 기본인권 옹호에 관한 조사·연구, 강연, 출판, 의견표명 등의 활동을 하는 법무성 소관의 사단법인(NGO).

9 류우뀨우정부 발족 당시 출입역(出入域) 관리사무 자체는 류우뀨우정부 소관이었으나, 근거법령이 미 민정부가 제정한 '류우뀨우열도 출입관리령'(민정부 법령 제125호)과 류우뀨우 주민의 도항관리(민정부 법령 제147호)여서 실제로 출입의 가부를 결정하는 것은 미국 민정부 였다. 때문에 복귀운동의 운동가가 출입하지 못하는 사례가 빈발하는 등 자의적 운영이 비판을 받았다.

청취조사 등을 정리한 것이었다.

'아사히 보도' 3일 후, 미 극동군 사령부는 국회논의에서도 도마에 오른 자유인권협회의 조사결과를 전면부인했다. 그러나 부인의 근거를 제시하기 위해 내외기자단 25명을 오끼나와에 초대하지 않을 수 없었다. 이 기자들에 의해 전국지와 주간지에 많은 현지보고가 쓰였는데, 그것은 미군의 의도와는 반대로 '아사히 보도'와 그 기초가 된 자유인권협회의 조사결과가 옳았음을 입증해주었다. 그러나 이때의 현지보고에서 '비극의 섬 오끼나와'는 보도되었지만 '투쟁하는 오끼나와'는 보도되지 않았다. 기지 오끼나와는 '섬사람들의 슬픈 숙명'이었다.

'섬 전체 투쟁'에 대한 야마또 민중의 공감

'투쟁하는 오끼나와'가 크게 보도된 것은 군용지문제가 발단이 되어 일어난 1956년 6월의 '섬 전체 투쟁' 폭발 이후였다. 그리하여 오끼나와에 대한 공감·공명이 신문 투고란에 숱하게 등장했다. 예를 들어 1956년 7월 22일자 『아사히신문』의 '아사히 가단(朝日歌壇)'[10]란에 투고된 30수

---

10 일본 정형시의 틀(5·7·5·7·7)을 지킨 독자투고시를 게재하는 코너로, 삶에 대한 풍자시가 자주 실린다.

이상의 노래 중 12수가 오끼나와를 읊은 것이었다. 그중 몇편을 소개한다.

탄환으로 상처 입어 풀 없는 땅 오끼나와에, 변함없이 조수(潮水)는 오가네 옛적과 마찬가지로

천진난만하게 철조망에 다가서는 아이의 사진, 민족의 분노가 부글부글 타오르네

오끼나와 사람의 노래가 실린 이 신문을, 꾹 움켜쥐고는 다시 한번 읽네

서명용지를 모두 채우고 딸은 돌아와, 한결같은 마음으로 오끼나와를 말하네

일어서는 오끼나와의 소리가 부르는 듯, 투표소로 가는 발걸음을 재촉하네

1950년대는 전후 내셔널리즘의 건전함이 아직 남아 있는 시대였다. '섬 전체 투쟁'에 대한 야마또 민중의 공감 속에는 오끼나와의 과거(전쟁)→현상황(군사점령 또는 이민족지배)→미래(평화)라는 역사적 흐름에 대한 직관적 인식이 있었으며, 오끼나와문제를 민족적 연대와 민족적 책임에서 평화의 방향으로 해결해나가고자 하는 민족

의식이 있었다.

그것은 1950년대가 아직 토오꾜오대공습, 히로시마·나가사끼의 원자폭탄 투하, '구만주(舊滿洲)'[11]로부터의 도피행 같은 다양한 전쟁체험을 상호이해를 기반으로 공유하던 시대였기 때문이기도 하다. 또한, 주권회복 직후의 미일관계, 특히 일본본토에도 수없이 존재하던 기지문제가 오끼나와에 대한 이해를 용이하게 만든 면도 있다. 그러나 반대로 미국·일본·오끼나와의 특수한 관계, 바꿔 말해서 구조적 오끼나와 차별의 구도를 꿰뚫어보지는 못했다. 이것은 일반민중의 의식의 문제이기보다는 여론을 한 방향으로 몰아가고 조직해야 할 정치적 운동의 리더나 사회의 여론주도층이 맡아야 할 역할이었다.

그러나 미군기지에 대한 투쟁을 담당한 정당과 노조 지도자, 논단에서 활약하는 언론인에게도 오끼나와문제는 본토의 기지문제와 동일한 차원에 있었다. 헌법을 비롯한 국내법의 보호 아래 있는 민중투쟁과 미군의 고시나 포고가 곧 법이 되는 군정 아래서의 투쟁의 차이, 나아가서 그 차이가 미일안보체제로 일체화된 것이라는 인식, 즉 구조

____

11 일본 관동군(關東軍)이 1931년 9월 만주사변을 일으켜 중국 북동부를 점거한 뒤 1932년 3월 1일 세운 괴뢰국가 만주국을 가리킨다.

적 오끼나와 차별이라는 인식은 결여되어 있었다. 오히려 연합군의 점령정책으로 만들어진 구조적 오끼나와 차별의 의미를 재인식한 것은 미국과 일본의 국가권력이었다.

'섬 전체 투쟁'은 군용지대(軍用地代)의 대폭적인 인상으로 1958년 말에는 일단 종식되지만, 그와 동시에 미일안보조약 개정(안보개정)교섭이 시작되었다. 미일관계를 안정시키고 상호협력관계를 심화하기 위한 1960년 안보개정은, 점령정책으로 만들어진 구조적 오끼나와 차별을 일본정부가 적극적으로 이용하는 시초였던 셈이다.

3. 안보개정과 구조적 오끼나와 차별

1960년 안보개정과 오끼나와

1960년 안보개정 및 그에 이르는 과정의 특징 중 하나는 미국의 점령정책을 기점으로 하는 구조적 오끼나와 차별을 일본정부가 적극적으로 이용했다는 점에 있다.

1951년 체결되고 52년에 발효된 구안보조약은 일본에는 경찰예비대밖에 존재하지 않는 상황에서 일본이 자국에 대한 무력공격을 저지하기 위해 일본 및 그 주변에 미군이 존재할 것을 희망하기 때문에, 미국은 일본의 희망에 따라 그 군대를 일본 및 그 주변에 유지하는 것이라고 이야기되었다. 따라서 미국은 일본의 대규모 내란이나 소요 혹은 외부로부터의 공격에 대해 일본의 안전을 위해 미군을 사용할 수 있다고 여겼지만, 그것은 은혜지 의무는 아니었다. 이 때문에 육해공 3군을 갖춘 자위대의 성립(1954)·정비·증강의 진전에 따라 일본정부나 보수정당(1955년 11월 자유당과 일본민주당이 합쳐서 자유민주당이 되었다) 가운데서 안보조약을 최대한 대등·평등한 것에 가깝게 할(상호방위조약에 가깝게 할) 필요성을 강조하는 세력이 늘어갔다.

구안보조약이 성립된 1952년 무렵에 야마또에는 오끼나와의 8배에 이르는 미군기지가 존재하고 있었으며, 현재의 오끼나와와 마찬가지로 각지에서 기지를 둘러싼 사건 사고와 미군범죄가 빈발했다. 예를 들어 '섬 전체 투쟁'과 같은 시기에 타찌까와(立川)기지 확장을 둘러싼 스나가와(砂川)투쟁이 있었으며, 1957년 2월에는 지라드사건(군마현 群馬縣 소오마가하라相馬ヶ原에서 일어난 미군병사의 농촌부녀 사살사건)이 일어나 재판권문제를 둘러싸고 여론이 들끓었다. 당연하게도 그것은 민중의 반미·반기지감정을 자극했다. 이미 지적했다시피 1950년대의 미일관계는 결코 안정된 것이 아니었던 것이다.

1957년 키시 노부스께(岸信介) 수상과 아이젠하워(D. Eisenhower) 미 대통령의 공동성명으로 약속된 '일본으로부터 일체의 지상부대 철수'는 미일관계를 안정시키고 안보개정으로 나아가는 첫걸음이었다. 일본에서 철수한 해병대 등 지상전투부대 대부분은 '일본이 아닌 오끼나와'로(그중 일부는 한국으로) 이주했다. 한반도를 겨냥해 기후현과 야마나시현(山梨縣)에 후방배치되었던 미 해병대가 1953년의 한국전쟁 휴전으로 인해 미국의 군사전략상에서 일보후퇴가 가능해진 셈이다.

개정안보조약도 "일본국의 안전에 기여하고 아울러 극동에서의 국제 평화 및 안전에 기여하기 위해 미합중국은 그 육군, 공군 및 해군이 일본국에서 시설 및 구역을 사용하는 것을 허가한다"(제6조)고 되어 있었으나, 개정조약이 성립된 1960년 일본(야마또)의 미군기지는 52년 무렵의 4분의 1로 감소했다. 이에 비해 오끼나와의 미군기지는 2배로 늘어났다. 기지가 한쪽으로 몰린 것이다. 이리하여 1960년대에는 일본과 오끼나와에 거의 동일한 규모의 미군기지가 존재하게 되었다.

미일안보조약을 종래에 단순히 기지를 둘 수 있는 권리

를 부여한 기지대여협정에서 상호간 방위임무를 분담하는
상호방위조약에 가까운 것으로 개정하고자 할 경우, 가장
먼저 문제가 되는 것은 신조약의 적용지역(공동방위지역)
이다. 조약 개정교섭의 초기단계에는 미국과 일본 양측이
모두 오끼나와와 오가사와라(小笠原)를 공동방위지역으로
지정하는 것을 당연하게 여겼다. 즉 일본이 미군지배하의
오끼나와와 오가사와라에 대해 방위의무를 부담하는 것
과 맞바꿔서 미국이 일본방위의 의무를 명확하게 하는 형
태로 서로의 의무를 확립하고자 한 것이다. 그러나 오끼나
와와 오가사와라는 당시에 이미 ‘미국지배하의 태평양지
역’으로서, 미국-한국, 미국-타이완, 미국-필리핀, 앤저스
(ANZUS, 오스트레일리아·뉴질랜드·미국의 3국) 등의 상호방위
조약의 공동방위지역이었으며, 이곳에 미일안보조약을 중
첩시키면 실질적인 동북아시아조약기구(NEATO) 결성
을 의미한다는 비판도 강했다. 결국 공동방위지역은 ‘일본
국의 시정(施政) 아래에 있는 지역’(제5조)으로 결정되었다.
　이런 과정을 거쳐 성립한 신안보체제는 오끼나와로의
기지몰림 현상이 몇가지 밀약에 의해, 구안보조약 당시와
비교한다면 표면적으로는 대등함을 가장한 채로 유지되
었다.

안보개정보다 우선복귀

안보조약 개정교섭 초기의 공동방위지역에 관한 논의는 오끼나와 여론에 큰 영향을 끼쳤다. 오끼나와 반환을 요구하는 한 안보의 공동방위지역에 오끼나와를 포함하지 않는 것은 사리에 맞지 않는다는 일본정부의 당초 주장은 오끼나와 여론에 일정한 정서적 호소력을 지니고 있었다. 그런 반면, 오끼나와를 공동방위지역에 포함하는 안을 비판하면서 오끼나와를 포함하는 것은 '불 속의 밤을 주우러 가는 것과 같다'(미국의 전쟁에 휘말릴 위험성이 증대한다)고 주장한 반대론은 강한 반발을 초래했다. 오끼나와는 '불 속의 밤'인 채로 괜찮은가라는 것이 초점이었다.

오끼나와 사회대중당과 오끼나와 교직원회는 초기단계에는 오끼나와를 포함하는 데 찬성 입장을 취했다. 그러나 국회 논의과정에서 오끼나와가 이미 미국-필리핀, 미국-한국, 미국-타이완조약 등의 공동방위지역이라는 것이 명백해지자, 사회대중당과 교직원회는 공동방위지역에 포함되는가 여부로 오끼나와 여론이 분열되는 것을 피하면서 시정권 반환요구를 강화하는 쪽을 향하게 된다. 이리하여 1959년 1월에 '안보조약 개정보다 우선복귀'를 대회 슬로건으로 삼은 조국복귀촉진 현민대회가 개최되었다.

이 일을 계기로 복귀운동을 항시적으로 담당하는 조직의 필요성을 통감하게 되어 다음해인 1960년 4월 28일에는 오끼나와현 조국복귀협의회(복귀협)가 결성되었다.

일본에서는 1959년 3월 사회당·총평(總評)[12]·원수협(原水協)[13] 등이 중심이 되고 공산당도 옵서버로 참가한 미일안보조약 개정저지국민회의가 결성되었다. 60년 안보투쟁은 자민당의 신조약체결 강행 등에 의해 전에 없이 고조되었으나, 그것은 어디까지나 조약 개정저지와 민주주의 옹호에 머물렀으며, 현실의 오끼나와기지 강화나 오끼나와에서의 투쟁과의 연계를 시야에 넣은 것은 아니었다.

한편, 기지몰림 현상과 공동방위지역 논의에서 오끼나와 여론이 정치적으로 이용되는 것을 경험한 60년대의 복귀운동은 소박한 내셔널리즘으로 지탱된 50년대의 복귀운동과는 당연하게도 그 양상이 다른 것이었다. 일본에 대한

---

12 원폭·수폭금지 일본협의회의 약칭. 1955년 결성된 일본의 반핵·평화단체로 전국조직이다. 각 지역 및 노동조합 등을 단위로 한 하부조직을 두고 있다.
13 원폭·수폭금지 일본협의회의 약칭. 1955년 결성된 일본의 반핵·평화단체로 전국조직이다. 각 지역 및 노동조합 등을 단위로 한 하부조직을 두고 있다.

양가적 지향(애증이 반반씩 들어선 심정)을 품고서 '국정 참가' '도항의 자유획득' '일본 제(諸)법규의 적용' 등 본토 수준의 권리획득과 격차시정을 지향했다고 할 수 있다. 복귀협이 결성된 무렵부터 제3조에 의거해 오끼나와를 잘라내버린 대일평화조약이 발효된 4월 28일이 '굴욕의 날'이라고 불리게 된 데에는 이러한 배경이 있었다.

베트남전쟁과 오끼나와

오끼나와에서 미군정에 대한 지속적인 저항투쟁은 특히 1965년에 미국이 베트남내전에 직접 개입함에 따라 질적인 전환을 이루게 된다. 그때까지의 복귀운동은 전체적으로는 우선 '본토수준'을 지향하고 다음으로 기지문제를 다룬다는 2단계론에 입각해 있었다. 야마또에도 미군기지는 존재했기 때문이다. 그러나 오끼나와가 직접적으로 최대의 베트남 공격거점이라는 사실이 전면에 떠오르자, 더이상 미군기지 자체에서 눈길을 돌릴 수 없게 되었다. 반전 미군병사와의 연대 이야기가 나오고, 기지노동자 파업에 '투쟁하는 베트남 인민과의 연대행동'이라는 의미가 부여되면서 '평화헌법으로의 복귀'는 '반전복귀'로 바뀌지 않을 수 없었다. (나중에 알게 되지만, 오끼나와 노동자

가 '베트남 인민과의 연대'를 외치던 이 시기 베트남에서
는 베트남 공격기의 발진기지인 오끼나와를 '악마의 섬'
이라 불렀다.)

베트남전쟁에는 오끼나와의 미군기지뿐 아니라 일본
전역의 미군기지가 사용되었다. 일본에서 행하는 미군의
전투작전행위는 60년 안보개정 때의 합의의사록에 의해
일본과의 사전협의가 필요한 것이었다. 그러나 이러한 사
전협의는 단 한번도 이루어지지 않았다. 정부의 국회답변
에 따르면 "미군은 모두 오끼나와로 이동한 다음 베트남으
로 출동하고 있다. 오끼나와는 안보의 적용지역이 아니므
로 사전협의대상이 되지 않는다"는 것이었다. 오끼나와는
안보체제 밖에 위치하기 때문에 안보의 규제조치를 빠져
나갈 구멍으로서 안보의 군사기능을 강화하는 역할이 주
어졌던 것이다.

경제대국에서 정치대국으로

전후 일본경제는 한국전쟁이 가져온 특수(特需) 등으로
인해 1950년대 중반에는 '더이상 전후가 아니다'라고 이야
기될 정도의 부흥을 이루었고, 1960년대 일본은 그보다도
더한 고도성장노선을 걷고 있었다. 미국이 베트남내전에

직접 개입한 1965년에 일본의 국제수지는 전후에 들어선 이후 최초로 흑자로 전환했다. 이해는 한일기본조약이 체결된 해이기도 하다. 경제적으로는 대외진출까지 시작했으며, 경제대국에서 정치대국으로의 길을 걷기 시작한 일본으로서는 자국의 영토와 인민이 계속해서 동맹국의 군사지배하에 놓인다는 것은 허용하기 힘든 일이 되었다. 이해 8월, 일본 수상으로는 전후 최초로 오끼나와를 방문한 사또오 에이사꾸(佐藤榮作) 수상이 "오끼나와의 조국복귀가 실현되지 않는 한 일본의 전후는 끝나지 않는다"라고 말한 것은 그들의 제국주의적 바람을 표현한 것에 다름 아니었다.

또한 세계적인 베트남 반전운동과 함께 확산되기 시작한 일본의 베트남 반전운동도 서서히 오끼나와를 인식하기 시작했다. 나아가 1960년 개정된 안보조약의 고정기한은 10년으로 '한정'되어 있어서(그후에는 어느 한쪽이 조약종료를 통보하면 1년 후 조약이 종료되고 어느 쪽도 종료통고를 하지 않으면 자동연장된다), 안보가 베트남 반전이나 오끼나와와 얽혀서 정치적 쟁점으로 부상해갈 가능성이 컸다. 그런 상황을 선취해 '민족적 비원(悲願)으로서의 조국복귀' '국민적 소망으로서의 오끼나와 반환'을 내걸고 내셔널리즘을 총동원하는 것은 정치적 수단으로서도 유효하다고 판단한 것인지도 모른다. 그러나 이미 '민족적 비원으로서 평화헌법으로의 복귀'는 '반전복귀'로 전환되어가고 있었다.

한편, 베트남내전에 직접 개입한 미국은 베트남 인민의 격렬한 저항에 부딪혀 군사적 해결의 전망을 세우지 못했고 증대하는 군사비 부담으로 경제적으로도 파탄했으며, 반전운동은 징병으로 전장에 동원되는 미국 젊은이들 사이에서도 확산되었다. 이런 상황에서 미국의 배타적 오끼나와 지배는 더이상 불가능한 것이었다. 이런 배경에서 미국과 일본 정부가 이해를 조정한 결과, 오끼나와는 1972년 5월 15일 일본으로 반환되었다.

4. 오끼나와 반환과 안보문제의 국지화

매입된 오끼나와

1972년 5월 15일 토오꾜오의 니뽄부도깐(日本武道館)에서 행한 복귀기념식에서 사또오 수상은 "전쟁으로 잃어버린 영토를 평화리에 외교교섭으로 회복한 것은 역사상 지극히 드문 일이며, 이것을 가능케 한 미일우호 유대의 강고함을 통감한다”고 말했다. 그들에게 오끼나와 반환은 어디까지나 ‘전쟁으로 잃어버린 영토의 회복’으로 ‘이민족 군정으로부터 동포의 해방’은 아니었던 것이다.

어떤 의미에서 오끼나와는 매입되었다고 말해도 좋다. 오끼나와반환협정에 ‘자산 등의 이전에 대한 보상’으로 명시된 것만으로도 그 금액이 총 3억 2천만 달러였다. 미국은 미군통치 아래서 사회자본 정비를 위해 투여한 자금을 모두 회수했다고 해도 무방하다. 오끼나와반환협정에 명시되지 않은 것은 밀약으로 처리했다. ‘줄(오끼나와)을 사서 실(섬유제품)을 팔았다’[14]는 말이 있듯이, 섬유제품의 수출규제와 물물교환이 이루어진 측면도 있었다.

일본정부는 오끼나와 반환에 따라 오끼나와 소재 미군기지의 유지책임을 받아들임과 동시에 주일미군기지 기능을 더욱더 오끼나와에 집중했다. 오끼나와 반환을 앞둔 수년 동안 일본본토의 미군기지는 약 3분의 1로 감소했다. 반면에 오끼나와의 기지는 거의 줄지 않았다. 그 결과 일본 국토면적의 0.6%인 오끼나와에 주일미군기지의 약

---

14 ‘오끼나와(沖繩)’의 ‘나와’를 ‘줄〔繩〕’로 비유한 것.

대일평화조약발표(1952년)무렵
이에지마
모또부정
쿠니가미군
나고시
오끼나와
요미딴촌
나까가미군
우라소에시
나하시
난조오시
이또만시
N
0 10 20Km

1960년대의 기지
이에지마
모또부정
쿠니가미군
나고시
오끼나와
요미딴촌
나까가미군
우라소에시
나하시
난조오시
이또만시
N
0 10 20Km

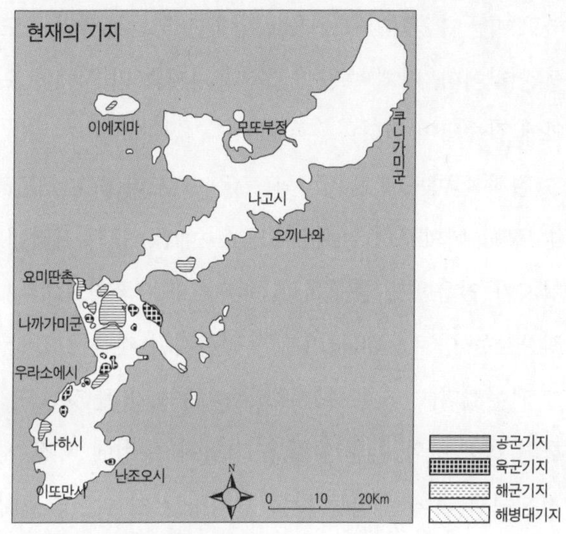

그림3 오끼나와 미군기지의 변천

75%가 집중되는 상황이 벌어졌다. 정부도 국회도 과중한 기지부담이 오끼나와의 사회발전을 가로막고 있다고 여기고 기지축소의 필요성을 인정하고 있었으나, 정부는 적극적으로 기지를 축소하고자 하지 않았을 뿐만 아니라 오히려 '당근과 채찍' 정책으로 미군기지의 안정적인 유지를 꾀했다. 복귀 후 40년이 지나도록 오끼나와 소재 미군기지는 10여%밖에 줄지 않았고, 그 일부는 자위대기지로 전용(轉用)되었다. 자위대가 오끼나와 방위의 방패 부분을 담

당하고 미군이 창(槍) 부분을 담당하는 역할분담의 구도가 완성된 것이다. 현재 주일미군 전용기지는 약 74%가 오끼나와에 집중되어 있다.

그 결과 야마또에도 미사와(三澤), 요꼬따(横田), 요꼬스까(横須賀), 이와꾸니(岩國), 사세보(佐世保) 등의 지역에 미군기지가 있음에도 불구하고 기지문제는 국지화하여, 전국적으로는 안보가 미군기지와 공존하는 것을 실감할 수 없게 되어갔다. 기지문제는 오끼나와문제가 된 것이다.

한편, 오끼나와 반환과 같은 시기에, 수렁에 빠진 베트남전쟁에서 벗어날 길을 찾아 고심하던 미국은 중소대립을 이용해 중국에 대한 봉쇄에서 중미관계 개선으로 정책을 전환했다. 당황한 일본이 미국을 추종하면서 중일·중미관계는 크게 변화했다. 오끼나와를 '1972년 내로 일본에 반환한다'고 발표한 사또오·닉슨 공동성명[15]에 대해 '일본 제국주의의 부활'이라고 격렬한 비난을 퍼부어온 중국도 중일·중미 국교회복의 결과 미일안보(동맹) 비판을 삼가게 되었다.

______

15 1969년 11월 21일 워싱턴D.C.에서 발표된 미일공동성명. 미일안보의 연장·오끼나와 주둔미군 유지와 맞바꾸어 오끼나와의 시정권을 일본으로 반환하는 데 대한 합의를 포함한다.

미군기지가 오끼나와로 집중되고 중일관계가 개선됨으로써 안보는 일본의 정치적 쟁점에서 사라졌다. 구조적 오끼나와 차별 위에서 성립한 미일관계는 안정화되었다. 1978년부터 일본정부가 미국의 재정상황을 배려하여 미일지위협정상으로는 미국측이 부담할 주둔경비마저 일본이 부담하는 이른바 '배려예산'을 편성하든, 또는 미국과 일본의 구체적인 방위분담 매뉴얼이라고도 말할 수 있는 '미일방위협력지침'을 정하든, 그것이 크게 정치문제로 되는 일도 없었다. 스즈끼 젠꼬오(鈴木善幸)·레이건 공동성명(1981. 5)에서는 그때까지 금기시되어오던 미일의 '동맹' 관계가 명시되었다.

기지부담의 댓가

오끼나와 반환으로 일본정부는 미군이 강제접수해 사용하던 군용지를 토지소유자에게서 임대해 미군에 제공하는 절차를 밟을 필요가 생겼다. 계약기간은 헌법상 규정에 의해 20년으로 정해져 있다. 정부가 미군용지의 임대차계약을 원활하게 진행하기 위해 사용한 최대의 수단은 경제적 회유책이었다. 이 때문에 오끼나와 반환을 경계로 한 시기에 군용지 사용료는 임대차계약에 대한 협력사례금을 포함해 6.5배가 인상되었다. 그후에도 경제상황의 변동에 따른 토지평가액의 변화와는 무관하게 군용지 사용요금은 계속해서 인상되었다.

미군기지를 안정적으로 유지하기 위한 또다른 정책은 기지가 있는 시·정·촌[16] 혹은 기지 주변지역의 개인이나 단체에 소음대책 등 기지피해 경감을 목적으로 지급되는 보조금이나 교부금에 관한 것이었다. 기지주변 주민과 자치체에 모종의 피해보상비를 뿌리는 것은 제도적으로는 오끼나와 반환 이전부터 미군기지나 자위대기지가 소재하는 본토의 시·정·촌을 대상으로 있어온 일이다. 그러나 그것이 다양해지고 정비, 강화된 것은 오끼나와 반환 이후의 일이다. 이들 기지주변 정비비용은 방위청의 재량에 따라 농업용 저수지나 공민관(公民館)[17] 건설에도 사용됨으로써 재정기반이 취약한 지방자치체가 기지에 의존하는 구조를

---

16 일본 지방자치제도의 기초자치단체인 시(市)·정(町)·촌(村)을 묶어 이르는 말. 일본 지방자치법 2조 3항에서는 '기초적인 지방공공단체'라고 규정하고 있다. 한국의 시·군·구 기초단체에 해당하는 단위로 이해할 수 있다.

17 주민을 위한 각종 교육, 학술 및 문화사업을 추진해 주민의 교양향상·건강증진·정서함양 등을 돕고 생활문화 진흥과 사회복지 증진에 기여할 것을 목적으로 삼는(사회교육법 제20조) 공공시설.

강화했다.

최대의 경제적 회유책은 오끼나와 진흥개발계획에 따른 고율보조금이라고 할 수 있다. 오끼나와 진흥개발계획은 오끼나와 진흥개발특별조치법에 입각해 10년 단위로 내각회의에서 결정, 실시되는데, 겉으로는 군사우선의 군정 아래 계속 놓여 있어 사회자본의 충실도가 현저하게 뒤처진 오끼나와와 본토의 격차를 줄이고 자립적 경제개발의 기반을 만든다는 명분을 갖고 있다. 그러나 실은 그것이 기지부담의 댓가적 성격을 지닌다는 것 역시 정부와 오끼나와 쌍방이 인식하고 있었으며, 그러한 성격은 시간이 지나면서 강화되었다(2002년부터는 '개발' 두 글자가 빠지고 오끼나와 진흥계획이 되었다).

미군용지의 강제사용과 반전지주

경제적 회유책이 기지 유지를 위한 '당근과 채찍' 정책에서 당근 부분이었다면, 채찍에 해당하는 정책은 특별법 제정·운용에 의한 강권발동이다.

미군정하에서 자신의 토지를 강제접수당한 토지소유자들 중에는 군용지 사용료 대폭인상 등의 회유책에 아랑곳없이 군용지 제공(임대차계약)을 거부하는 이른바 반전지

주(反戰地主)가 적지 않았다. 그런 가운데 일본정부는 1971
년 12월 오끼나와에만 적용되는 특별법인 '오끼나와에 있
어서의 공용지 등의 잠정사용에 관한 법률'을 제정했다.
이 법률에 의하면, 오끼나와 반환시점에 공용지(그 대부분
은 미군용지) 등으로 사용되던 토지는 오끼나와 반환 후 5
년 동안 토지소유자의 의사와 관계없이 공용지(미군용지)
등으로 계속 사용할 수 있다는 것이다. 일본정부는 당시 3
천명으로 추산되던 소위 반전지주의 권리를 제한하는 특
별법을 국회에 제출하고, 일본국회는 이 특별법을 제정해
오끼나와의 특정한 토지소유자의 권리를 박탈한 것이다.
이것이 오끼나와 반환의 실태였다. 이러한 차별의 강요 없
이는 실현될 수 없었던 것이 오끼나와 반환이었다.

일본헌법 제95조는 "하나의 지방공공단체에만 적용되
는 특별법은, (…) 그 지방공공단체의 주민투표에서 과반
수의 동의를 얻지 못할 경우 국회는 그것을 제정할 수 없
다"고 명시하고 있다. 공용지법은 이 헌법의 취지를 짓밟
는 차별적 입법이었다. 그런 까닭에 반전지주들은 공용지
법이 헌법을 위반한 것이라 하여 위헌소송을 제기했으나,
정부는 이 법이 오끼나와 지역의 특정한 토지소유자를 대
상으로 하며 지방공공단체를 대상으로 하는 것이 아니라

고 반박했다.

그로부터 5년 뒤 정부는 다른 법률, 곧 지적명확화법(地籍明確化法)의 부칙으로 공용지법의 기한을 5년 연장했다. 이 10년 동안 정부는 계약지주와 반전지주의 대립을 부추기는 등 갖은 수단을 사용해 반전지주를 와해시키고자 했다. 반전지주는 100명 안팎으로까지 감소했으나 근절할 수는 없었다. 오히려 반전지주의 토지 중 일부를 사들여 이것을 공유화하여 법적으로 반전지주와 같은 입장에 서서 반전지주를 지원하고자 하는 한평반전지주운동(一坪反戰地主運動)도 등장하기 시작했다.

이러한 운동에 자극을 받아 20년의 계약기한이 만료된 군용지주(軍用地主)나 그 상속인이 계약거부지주가 되는 역전현상도 보였다(1992년에는 약 100명, 2012년에는 약 130명의 새로운 계약거부지주가 등장했다). 이 반전지주의 존재가, 1995년 오끼나와 현지사가 정부에 이의신청을 할 때 의지할 곳이 되었다(뒤에 다시 설명하겠다).

공용지법의 기한이 만료되자 정부는 미군용지특조법을 발동했다. 미군용지특조법은 1952년 제정된 '미군에 토지를 제공하기 위한 토지수용법'인데 오끼나와로의 기지 몰림 현상의 결과 야마또에서는 불필요해져서 20년에 걸쳐 동면하던 법이다. 오끼나와 반환 이후 즉시 미군용지특조법을 적용하지 않았던 것은, 전후의 혼란 속에서 미군이 접수한 기지 내 토지의 대부분이 지적(地籍, 소유자별 경계 등)이 확실하지 않아 지적명확화법으로 지적을 확정한 후에 미군용지특조법을 적용하는 수순을 밟아야 했기 때문이다. 미군용지특조법은 명목상으로는 전국에 적용되는 법이지만 실질적으로는 오끼나와의 미군용지를 강제사용하기 위해서만 필요한 법이다. 반전지주의 토지는 5년, 10년씩 강제사용수속을 갱신해 계속 사용되고 있다.

오끼나와 반환 후에도 미군의 실탄포격훈련의 착탄지점에 잠입해 연기를 피워올려 훈련을 실력으로 저지하는 키센바루(喜瀨武原)투쟁에서부터 반전지주와 한평반전지주의 미군용지 강제사용에 반대하는 투쟁에 이르기까지, 오끼나와의 반전·반기지투쟁은 다양한 형태로 끈질기게 지속되어왔다. 그러나 미군기지문제가 국지화하는 가운데 오끼나와의 투쟁은 고립될 수밖에 없었다. 많은 정당과 노조, 시민단체 등이 야마또의 조직으로 계열화되어버린 것도 지역공동투쟁의 결속력을 약화했다. 여론조사의 통계상으로는 미군기지 철거를 요구하는 의견이 항상 과반수를 차지하지만, 중앙에의 재정적 의존도가 높은 현이나 기

지가 있는 시·정·촌은 국가에 뒷덜미를 잡혀서 명분으로
는 기지를 반대하지만 내심으로는 현상황을 긍정하는 괴
리를 보이기 십상이었다.

제2장

동서냉전 종언 이후
오끼나와의 위치와 민중의 투쟁

일극지배를 지향하는 미국, 안보 '재정의'와 후뗀마문제의 초점화
정권교체의 좌절과 새로운 국면을 맞이한 오끼나와투쟁

1. 일극지배를 지향하는 미국, 안보'재정의'와 후뗀마문제의 초점화

소녀폭행사건·미군용지 강제사용·동서냉전의 종언

1980년대의 미일관계는 안보보다는 심각해진 경제마찰에 대응하는 경제적 이해조정으로 중점이 옮겨졌다. 구조적 오끼나와 차별을 토대로 삼아 안정적인 양상을 보이던 미일관계가 '안보'를 둘러싸고 다시금 흔들리게 된 것은 동서냉전의 종언, 소련의 붕괴라는 세계사적 변동에 의해서였다.

동서대립의 종언은 '평화의 배당'(오끼나와의 경우로 말하자면 미군기지의 정리·축소·철거)을 요구하는 기운을 고조했다. 군사기지의 항구적인 존재를 전제로 한 정부정책에 의존해온 군용지주들은 불안감을 갖기 시작했고, 고립감을 느끼던 기지반대파에는 활기가 돌았다. 일본정부 주변에서도 미국과의 이국간 안보를 대체하는 다국간 안보의 필요성을 강조하는 목소리가 높아졌지만, 미국은 세계적인 일극(一極)지배체제 강화를 향해 나아가고자 했다. 1990년 8월에 쿠웨이트를 침공한 이라크를 쫓아낸다는 명목으로 미국이 다국적군을 이끌고 이라크에 대규모 공격을 가한 걸프전(1991. 1. 17~2. 28)은 그 구체적인 첫걸음이었다고 하겠다. 일본은 이 전쟁에 막대한 경제지원을 했음에도 불구하고 〔미국 등으로부터〕 군사지원, 곧 해외파병이라는 구체적인 전쟁협력 면에서는 불충분하다는 힐책을 받았다

동서냉전을 전제로 하던 미일안보체제도 확대강화하는 방향으로 재검토되었다. '미일안보의 재정의'다. 안보재정의는 '일본국의 시정권 아래 있는 영역'에 대한 무력공격에 공동대처한다는 안보의 명분으로 아시아·태평양지역의 질서유지와 관련한 미국의 노력에 일본이 전면협력하는 것으로 재정의되었다. 재정의된 안보와 미일동맹의 현재적(顯在的) 적대세력은 핵무장을 지향하는 북한, 잠재적 적대세력은 눈부신 경제발전을 이룩하고 대국화를 지향하는 중국이었다.

이 안보재정의·미일동맹강화를 정면으로 막아선 것이 1995년에 일어난 미군병사 3명의 소녀폭행사건[18]을 직접

----

18 1995년 9월 4일 오끼나와 주둔 미군병사 3명이 12세의 여자 초등학생을 납치해 집단강간한 사건. 이 사건으로 미일지위협정 재검토와 미군기지의 축소·철폐를 요구하는 주민운동이 발전했다.

적인 계기로 시작된 오끼나와 민중의 궐기였다. 동시에 이 시기는 계약거부지주(반전지주)의 토지에 대한 강제사용수속 갱신기간이었다. 토지소유자가 강제사용수속에 필요한 토지조서·물건조서에 서명을 거부한 경우 토지소재지의 시장·촌장이 대리서명을, 시장·촌장이 서명을 거부한 경우에는 현지사가 대리서명을 하도록 되어 있었다. 나하(那覇)시장과 오끼나와시장, 요미딴(讀谷)촌장 등이 대리서명을 거부함으로써 대리서명 수속은 오오따 마사히데(大田昌秀) 오끼나와 현지사에게로 넘어갔다.

대리서명을 앞두고 머뭇거리던 오오따 지사는 소녀폭행사건에 대한 민중의 분노 폭발에 힘입어 대리서명을 거부했다. 미군용지의 강제사용수속은 중지되었다. 정부(수상 무라야마 토미이찌村山富市)는 지사에게 대리서명을 명했으나 지사가 그 명령에 응하지 않자 후꾸오까 고등재판소 나하지부에 지사를 상대로 직무집행명령소송을 냈다. 법정에서 수상과 지사가 원고와 피고로서 대결하게 된 것이다. 그것은 근대국가 일본이 성립한 이래 처음으로 벌어진 정부(일본국가) 대 오끼나와 전체의 대결이기도 했다. 결국 재판소의 판결을 통해 무라야마 수상의 후임인 하시모또 류우따로오(橋本龍太郎) 수상이 대리서명을 함으로써 수속은 진행하게 되었지만, 그 과정은 오끼나와 민중에게 많은 교훈과 자신감을 안겨주었다.

덧붙이자면 정부는 오끼나와의 저항수단이 된 미군용지특조법을 1997년과 99년 두번에 걸쳐 개정했다. 1999년의 개정은 지방분권 추진을 명목으로 475개 법률을 일괄개정한 지방분권추진일괄법에 따른 것이다.

주요 개정사항은 두가지였다. 첫째는 강제사용 내지 수용대상지의 토지조서·물건조서에 대한 대리서명과 관계서류의 공고·열람(대행)수속을 시·정·촌장이나 지사에게서 거둬들여 총리대신의 업무로 정한 점이다. 둘째는 토지의 수용이나 강제사용을 심사하기 위해 각 도도부현(都道府縣)에 설치한 수용위원회의 권한을 제한한 점이다.

미군에 제공하는 토지에 관해서는 사유지든 공유지든 총리대신 한 사람의 판단만으로 수용할 수 있게 한 것이다. 이미 이야기했다시피 미군용지특조법은 형식적으로는 전국에 적용되는 법이지만 현재 실제로는 오끼나와의 미군용지에 대해서만 발동되고 있다는 점에서 차별적 법제라고도 말할 수 있다.

후뗀마 반환과 안보'재정의'

이야기를 되돌리자면, 일본정부는 1995년에 폭발한 오끼나와 민중운동에 대한 대응책으로 오끼나와에 관한 미일특별행동위원회(SACO, Special Action Committee on Okinawa)를 설립하고, 후뗀마기지의 전면반환을 주축으로 한 오끼나와 소재 미군기지의 정리·통합·축소안을 내세운 다음 안보재정의를 수행했다. 안보재정의는 1960년 개정한 안보조약 문구를 토씨 하나 바꾸지 않은 채 1996년에 미일 양측 수뇌(하시모또 수상과 클린턴Bill Clinton 대통령)의 미일안보공동선언으로 이루어졌다. 이 미일안보공동선언에 입각해 일본의 주변사태에 대처하는 '미일의 방위협력을 위한 지침(신가이드라인)'이 정해졌고(1997), 아시아·태평양지역에서 미군의 활동에 적극적으로 협력하기 위한 다양한 유사입법(有事立法) — 예를 들어 주변사태법(1999), 무력공격사태대처법(2003), 국민보호법(2004) 등 — 이 잇따라 제정되었다.

그러나 후뗀마 반환을 근간으로 하는 오끼나와 소재 미군기지 재편책은 미일 양 정부의 생각대로 진행되지 않았다. 그것은 후뗀마 반환이 오끼나와 현내에 그 대체시설의 건설을 조건으로 삼는 등 미군기지의 면적이 20% 정도 축소되기는 하지만 실질적으로는 오끼나와 소재 미군기지의 통합·갱신·강화책에 지나지 않았던 탓에, 오히려 구조적 오끼나와 차별을 부각함으로써 민중운동과 오끼나와 여론의 지속적인 저항에 직면하게 되었기 때문이다.

그러나 SACO에 의한 미일 정부와 대결하는 전체 오끼나와체제에도 그 나름의 약점이 있었다. 후뗸마 대체시설에 관한 투쟁의 선두에 서 있어야 할 지사가, 카데나(嘉手納) 탄약고지구나 나까구스꾸만(中城灣) 앞바다가 후보지로 제기되었을 때는 지역과 함께 강하게 반대했었음에도 불구하고 〔헤노꼬의〕 캠프 슈워브(Camp Schwab) 앞바다가 제기되자 "일차적으로는 지역자치체와 국가의 문제"라며 자신의 판단을 보류해 오끼나와투쟁의 내부에 균열을 만들어낸 것이다. 이 균열을 풀뿌리 차원에서 극복하기 위해 제기된 것이 1997년 12월의 나고 시민투표였다. 그것은 민중 자신의 자기결정권 행사의 선언이었다.

시민투표 실시가 결정되자 무라오까 카네조오(村岡兼造) 관방장관, 카지야마 세이로꾸(梶山靜六) 전 관방장관, 야마나까 사다노리(山中貞則) 자민당 정조회장 등 오끼나와와 인연이 있는 정부고관과 자민당 간부가 잇따라 나고를 방문해 해상기지 건설을 위한 협력을 요청함과 동시에 북부진흥에 관한 요망을 듣고 갔다. 지역경제계를 끌어들이고 정부까지 나서서 대규모 캠페인을 전개했다.

그래도 나고 시민들은 기지문제에 대해 NO라는 답을 들이밀었다. 이때 지사가 잠시의 틈도 주지 않고 시민투표에서 드러난 민의를 존중해 헤노꼬 앞바다 기지건설에 반대한다는 의사표명을 했더라면, 오끼나와의 결속이 굳어져서 정부가 들어설 틈을 주지 않았을 것이다. 그러나 민의와 정부의 압력 사이에서 머뭇거리던 〔오오따현〕 지사는 1998년 2월이 되어서야 해상기지 반대라는 입장을 명확하게 표명했다.

헤노꼬 앞바다 2km에서 연안으로

일본정부와 자민당은 "신의를 저버린 오오따 현정(縣政)과 손잡는 일은 절대로 하지 않겠다"(노나까 히로무野中廣務 자민당 간사장대리)라며 오오따 현정이 지속되는 동안에는 어떠한 진흥책도 실현되지 않을 것 같은 막막함을 부추겨서, 차기 지사선거에서는 현실대응형 후보자가 부상할 것을 기대했다. 이 기대에 부응해 등장한 것이 이나미네 케이이찌(稻嶺惠一) 오끼나와 경영자협회 회장이었다. 이나미네 차기 지사의 '고뇌 끝의 선택'은 '사용기한 15년 한

정의 군민공용공항'이었다.

2002년 12월 정부는 이나미네 케이이찌 현지사와 키시모또 타께오(岸本建男) 나고시장의 동의를 얻어 헤노꼬 앞바다 2km 암초 위를 매립해 군민공용공항을 건설할 것을 결정했다. 그러나 2004년 4월 연안지대 공사를 위해 헤노꼬 앞바다의 시추(boring)조사를 개시하려 하자, 이에 반대하는 주민들의 비폭력 직접저지행동에 직면하게 되었다. 당시 일본정부는 이나미네 지사와 키시모또 나고시장이 신기지 수용조건으로 내세운 15년 사용기한과 군민공용, 기지사용협정 등에 대해 미국의 동의를 얻지 못한 상태였다. 애초에 미국이 군사기지에 관한 이러한 제한조건들을 인정할 리도 없었다. 〔일본정부는〕 가장 중요한 점을 애매모호한 상태로 놔둔 채 기정사실로 만들고자 했던 것이다.

한편, 2001년에 일어난 이른바 9·11동시다발테러에 충격을 받은 부시 정권은 대테러전쟁을 위해 세계적인 군사전략을 재검토하기 시작했고, 이를 추종하는 코이즈미 준이찌로오(小泉純一郎) 정권과 함께 주일미군의 재편협의를 시작했다. 이 재편협의 가운데서 다양한 군사적 제약이 있고 공사도 어려우며 기지건설 저지행동을 막기도 힘든 해

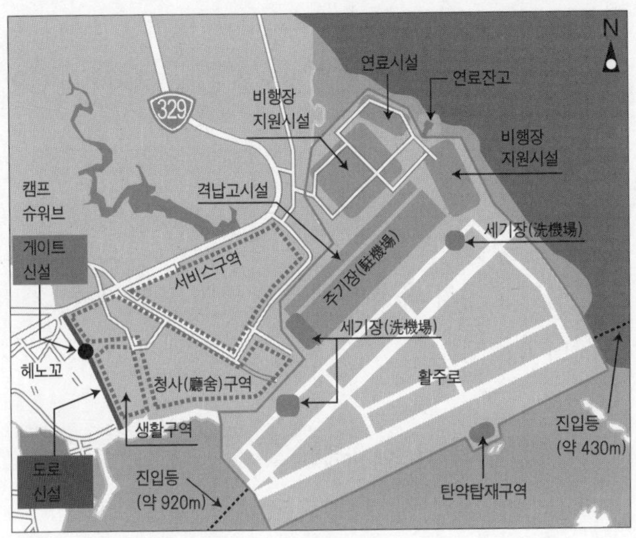

그림4 후뗀마비행장 대체기지의 V자 활주로안

상기지 건설계획은 백지화되고, 2005년 10월에 헤노꼬 연안안(沿岸案)을 포함한 주일미군재편안이 합의되었다. 다음해인 2006년 5월에는 그것을 위한 로드맵이 합의되었다.

원래 연안안은 지역주민에 미치는 영향이 크다는 이유로 거부된 안이었다. 미국과 일본은 오끼나와를 제쳐두고 이 안을 부활시킨 것이다. 이나미네 지사는 이에 대해 맹렬하게 반발하여 해병대의 현외이주를 주장하기 시작했다. 후임자인 나까이마 히로까즈(仲井眞弘多) 지사는 현내

이설용인파였는데, 연안안에 대해서는 조금 더 앞바다 쪽
으로 나아갈 것을 주장했으나 결론을 얻지 못한 채 민주당
정권의 성립을 맞게 되었다.

2. 정권교체의 좌절과 새로운 국면을 맞이한 오끼나와투쟁

부시 정권의 대테러전쟁 아래서

2001년 미국의 부시 정권이 탄생했다. 부시 정권은 올브
라이트(Madeleine Albright) 미 국무장관이 평양을 방문하
고 김정일(金正日) 총서기와 회담하는 데까지 진척된 미국
과 북한의 관계개선을 일방적으로 백지화하는 등 독선적
인 단독행동주의를 전개했다. 몇달 늦게 일본에서는 역대
정권 중 가장 친미적 — 이라기보다는 대미추종적인 — 코
이즈미 정권이 등장했다. 부시 정권은 이른바 9·11동시다
발테러가 발생하자마자 각국의 권력자들에게 '미국 편인
가 테러리스트 편인가'라는 양자택일을 강요하는 의견표
명을 요구해 아프가니스탄 공격을 시작으로 대테러전쟁에
나섰다. 그것을 뒤쫓듯이 코이즈미 정권도 대테러특조법

64

을 제정하고(2001. 11) 인도양에 자위대 함정을 출동시켜서 미군의 후방지원에 나섰으며, 이윽고는 미국의 이라크 점령에 협력해 육상자위대를 파견하는 지경에 이르렀다.

게다가 코이즈미 수상은 한국과 중국의 반발을 초래하면서도 야스꾸니(靖國)신사 공식참배를 거듭했다. 또한 다양한 규제완화의 명목 아래 신자유주의적 경제정책을 강행하여 사회적·경제적 격차를 확대했다. 2007년 9월에는 코이즈미 정권의 뒤를 이어 아베 신조오(安倍晋三) 정권이 등장했다.

아베 정권은 일본과의 관계에서도 경제적 비중이 증대하고 있는 중국과 '전략적 호혜관계'를 구축하기 위해서 야스꾸니 참배는 멈추었으나, '전후 정체(正體)로부터 탈각'한 '아름다운 나라 만들기'를 내세우며 임기 중에 헌법을 개정할 것을 공언하고, 교육기본법을 개정했으며, 이른바 '종군위안부'문제와 관련해 일본군의 직접관여를 부정하는 발언을 함으로써 국제적으로도 커다란 물의를 일으켰다. 코이즈미·아베 정권의 이러한 움직임에 대한 위기감, 경제적 격차 진행에 따른 절망감 등이 반영되어 2007년 7월의 참의원선거에서 여당인 자공당은 패배하고 정권교체가 이야기되기 시작했다.

오끼나와와 직접 관련된 사항 중에서 민중의 강한 반발을 초래한 것은 2007년 3월 아베 수상의 '위안부' 발언에 부합하듯이 문부과학성이 오끼나와전의 '집단자결'에 관한 일본군의 관여를 삭제하는 교과서 검정의견을 제출한 점, 같은 해 6월 헤노꼬 앞바다에 호위함 '분고(ぶんご)'를 출동시켜 자위대 잠수부로 하여금 환경조사기기를 설치케한 점이었다. 이 무렵부터 오끼나와섬 전체가 반격체제를 재구축하기 시작했다. 다음해인 2008년 6월의 현의원선거에서 나까이마 현정에 대한 비판세력이 과반수를 차지하는 결과가 나타났다.

민주당의 '오끼나와 비전'

이 사이, 민주당은 일관되게 오끼나와의 여론에 밀착한 견해를 표명해왔다. 예컨대 후뗀마가 이설될 곳은 '국외, 최악의 경우라도 현외'라는 것은 하또야마 유끼오 대표만의 말이 아니었다. 그것은 2008년에 작성된 민주당의 '오끼나와 비전'에도 명시되어 있다. 정권교체를 낳은 2009년 총선거 직전에 오까다 카쯔야 간사장도 잡지 『세까이(世界)』 2009년 7월호에 실린 「'아시아 속의 일본'으로서 안전보장정책을 구축해야만 한다」라는 글에서 다음과 같이 말하고 있다.

"특히 후뗀마기지 이설문제입니다만, 우리는 현외 혹은 국외로 이전해야 한다고 주장하고 있습니다. 오끼나와현과 일본정부의 합의도 아직 이루어진 바 없으니, 다시 한번 제대로 전면적으로 논의하는 편이 좋을 것이라고 저는 생각합니다. 오끼나와라는 매우 좁은 장소에 카데나와 후뗀마라는 커다란 미군기지가 두개 있으며 이것을 향후 30년, 50년씩 지속할 것인가라는 점이 근본적인 문제인 것입니다. 만약, 현내에서 이전한다면 반드시 고정화될 것입니다. 미국도 조금 더 생각하게 할 필요가 있고 제대로 논의해야만 합니다."

또 이렇게도 말한다.

"오끼나와에 이렇게나 많은 기지가 있는 것은 오끼나와에서 벌어졌던 비참한 지상전의 결과입니다. 미국 해병대의 입장에서 본다면 자신들이 피 흘려가며 쟁취한 것이라는 인식이 있으니 쉽게 손에서 놓고자 하지 않겠지요.

하지만 쌘프란시스코강화조약이 체결된 후로 이만큼이나 시간이 흘렀고, '전후'는 이미 끝났습니다. 그러한 과거의 유산이 아니라 지금 현재의 오끼나와에 이렇게 큰 규모의 미군기지가 있는 것이 정상인지 아닌지, 백지에서부터 이야기를 나누어야 합니다. 저는 오바마 대통령이라면 그것이 가능하지 않을까 생각하고 있습니다."(강조는 인용자)

'Mr. 원리주의자'라고 불리며 스스로도 그것을 긍지로 여기고 있는 것처럼 보이는 오까다 카쯔야 간사장이 정권교체를 가져올 총선거 몇개월 전에 이렇게 단언하고 있다. 그러던 것이 2009년 9월의 정권교체 후 약 1개월 만에 멋지게 뒤집혔다. 직접적인 계기는 내일(來日)한 로버트 게이츠(Robert Gates) 미 국방장관에게서 '현행안이야말로 최선'이라는 일갈을 들었기 때문이다. 오까다 카쯔야 외상(당시)은 선거공약집에 명시되지 않았으므로 당의 공약이 아니다 따위의 말을 하면서, 모순이 없다는 것을 증명하기 위해 손때 묻은 카데나통합안[19]까지 꺼내들고 나타났다.

---

19 미 해병대의 헬리콥터기지로 사용되는 후뗀마 이전문제와 관련해 미국은 1996년에 카데나 탄약고지구로 이설하는 안을 제기했다. 그러나 환경에 악영향이 발생할 것이라는 현과 지역의 의견에 따라 같은 해 7월 이 안이 기각되자, 다음으로 부상한 것이 일본정부가 제안한 카데나통합안이었다. 이 안의 골자는 미 공군기지로 사용되는 카데나기지에 후뗀마에 주둔하는 미 해병대 헬리콥터부대를 모두 이전배치하는 것이었다. 일본은 이 안을 검토하면서 전투기와 헬리콥터의 공동운용은 가능한 것으로 결론지었으나, 카데나기지를 운용하는 미 공군에서 공동운용에 부정적인 의견을 제기했다(미 해병대는 통합가능한 것으로 평가). 이후 '해상헬리콥터 이착륙장 건설안' '캠프 슈워브안' 등 몇개의 안이 지금까지 검토되고 있다.

덧붙여두자면 2009년 3월에 중의원 오끼나와 북방문제 특별위원회의 위원장으로 취임한 마에하라 세이지(前原誠司) 민주당 부대표는 『류우뀨우신보』(2009. 3. 5)의 "후뗀마 비행장의 현외·국외 이설을 내건 오끼나와 비전을 당의 방침으로 선거공약에 포함시킬 것인가?"라는 물음에 대해, "이미 전체의 방침이 되었다. 선거공약에 들어가는 것이 아닌가"라고 답했다. "이설이 진행되지 않는 요인은?"이라는 물음에 대해서는 "캠프 슈워브에 옮긴다는 계획이 애초에 무리한 것이었다. 저 아름다운 바다를 매립해서는 안 된다"라고 답하고 있다. "후뗀마의 현외이설이 현실적인가?"라는 물음에 대해서는 다음과 같이 답한다. "(오끼나와 비전을 통해) 약속한 바이기 때문에 우리는 미국과 확고히 교섭할 것이다. 이미 합의된 기반은 위험한 후뗀마를 빨리 폐쇄하는 것이다. 합의된 패키지[20]는 건드릴 수 없는 전제이므로, 그 기반에서 어떻게 지혜를 짜낼 것인가가 문제다."

20 2006년 5월의 주일미군 재편합의를 가리킨다. 오끼나와 남부의 6개 기지를 반환하기 위해서는 일본의 출자로 후뗀마를 헤노꼬로 이설해야 하며, 미군의 괌 이전에는 헤노꼬로의 이설이 선행되어야 한다는 것이 '패키지'론의 골자다.

오바마 정권에 대한 기대와 '하위동맹자'

앞서 『세까이』의 오까다 발언에서도 볼 수 있듯이 오까다 외상과 하또야마 수상은 모두 오바마 대통령—특히 그 정권 발족 초기—의 핵무기근절 발언과 이슬람세계를 향한 화해 발언을 높이 평가했다. 민주당정권은 이 오바마 정권과 손을 맞잡고 협조적 미일관계를 심화할 수 있으리라고 기대했음에 틀림없다.

그러나 미국은 반드시 그런 것도 아니었다. 오바마 개인은 차치하고 오바마 정권의 주변에서 여론의 일부에 이르기까지 일본의 정권교체에 모종의 불안감을 안고 있었다.

가령 『뉴욕타임즈』는 『보이스(*Voice*)』[21] 2009년 9월호의 하또야마 유끼오(당시) 민주당대표의 기고문 「나의 정치철학」을 요약 게재했는데, 그 가운데 "아시아의 일원으로서 일본의 독자노선을 모색한다"는 부분이 쟁점화되어 비판의 대상이 된 따위의 일도 하나의 예가 될 것이다. 어찌 됐든 이 책의 「시작하며」에서도 언급했듯이 부시 정권 후반

---

21 『*Voice*』는 일본 PHP연구소가 발행하는 월간 종합논단지로 1977년에 창간되었다. 보수적인 성향의 기사가 많은데, 정책·행정관계 논고가 중심을 이루며 안보정책에 대한 제언 등도 다룬다.

기부터 국방장관 자리를 유지해온 게이츠 미 국방장관의 일갈에 오까다 외상과 키따자와 토시미 방위상이 모두 무너지고, 2009년 연내타결(곧 국외·현외안의 철회)이 강조되었다. 하또야마 수상은 궁지에 몰리면서도 타결을 반년 연기했다. 그러나 타결을 반년 연기했다고 해서 그에게 문제해결의 확실한 전망이나 상황을 타파할 전략·전술이 있었던 것은 아니다.

그런데 하또야마 민주당대표의 기고문 「나의 정치철학」은 조부인 하또야마 이찌로오(鳩山一郎)의 '우애(友愛)정치'의 이념부터 설명하는 것이다. 1950년대 중반 하또야마 이찌로오 정권(1954. 2.~56. 12)의 최대과제는 소련과의 국교회복이었다. 하또야마 이찌로오 또한 결코 반미는 아니었으나 그 '자주외교'에 대해 미국은 불쾌감을 지니고 있었다. 소·일교섭의 후반기는 오끼나와의 '섬 전체 투쟁' 시기와 겹친다. 소·일교섭이 대단원을 맞이하던 1956년 8월에, 덜레스(J. F. Dulles) 미 국무장관은 하또야마 내각의 외상 시게미쯔 마모루(重光葵)에게 "일본이 소련과 평화조약을 체결하고 남카라후또(南樺太, 사할린) 및 치시마열도(千島列島, 쿠릴열도)에 대한 소련의 주장을 승인한다면, 미국은 쌘프란시스코조약 26조에 의해 오끼나와 및 그외 류우끄우열도의 영구적인 소유권을 주장할 수 있다"고 위협했다. 결국 소·일국교회복은 실현되었으나, 지금까지도 평화조약체결은 실현되지 않고 있다.

하또야마 이찌로오 정권과 하또야마 유끼오 정권 사이에는 반세기의 시간이 흘렀다. 국제정세와 미일의 상대적 역학관계에도 큰 변화가 있었다. 그럼에도 미국 내에는 '하위동맹자'가 '하위동맹자'의 범위를 넘어서 주체적으로 행동하는 데 관대할 수 없는 정치적 분위기가 흐르고 있는지도 모른다. 단속적으로 제기되는 '안보는 병마개다'—안보는 일본군국주의가 병에서 튀어나오지 않게 하는 병마개 역할을 하고 있나—라는 논의도 그런 정치적 분위기의 반영일 것이다.

그리고 더 큰 문제는, 전후 70년에 걸쳐 대미관계 속에서 이러한 체험을 반복하는 동안 일본의 정치가와 관료뿐만 아니라 대중매체에서 활약하는 많은 언론인들 사이에서도 역시 '하위동맹자'의 범위를 넘어서지 않도록 노력해야 한다는 암묵적 인식, 사고정지가 생겨났다는 점이다.

현의회 결의에서 현민대회로

정권교체는 이미 교과서 검정문제가 발생한 무렵부터

반격으로 돌아서기 시작한 오끼나와의 여론을 활성화했다. 정권교체를 가져온 2009년 총선에서는 오끼나와의 4개 선거구 중 2개 선거구에서 민주당의 신인이(나머지에서는 사민당과 국민신당), 또한 큐우슈우 비례구에서는 공산당 현위원회 후보가 당선되어 자공당 후보는 전멸했다.[22]

이윽고 이제까지 현내이설 용인을 내걸었던 자민당 오끼나와현연합회와 공명당 오끼나와현본부도 그 방침을 '현외이설'로 180도 전환했다. 다음해인 2010년 1월의 나고시 시장선거에서는 이미 방침을 전환한 자공당이 미는 현내이설용인파의 현직 시장 시마부꾸로 요시까즈(島袋吉和)와 사민당·사회대중당·공산당·민주당이 미는 신인 이나미네 스스무(稻嶺進)가 경쟁하게 되었고, 이나미네가 당선되었다.

2월에는 오끼나와 현의회가 전원일치로 '미군 후뗀마 비행장의 조기폐쇄·반환과 현내이설에 반대하며 국외·현외로의 이설을 요구하는 의견서'를 채택했다. '국외·현외로의 이설을 요구한다'는 문구를 삽입하도록 고집한 것

---

22 2009년 큐우슈우 비례구에서 당선된 공산당 후보는 1명이다(그외는 자민당 7명, 민주당 9명, 공명당 3명, 사민당 1명). 저자는 오끼나와 선거구에서 자공당 당선자가 한명도 없었다는 점을 강조하고자 한 듯하다.

은 자공당이었다. 한편으로 민주당정권에 '국외·현외'의 공약이행을 촉구한다는 의미도 있었지만, 그 이상으로 공산당을 배제하는 것이 목적이었다. 공산당은 현외이설이 다른 부현(府縣)에 부담을 전가하는 것일 뿐이며 전국적인 반기지운동과의 연대를 저해한다는 이유로 이 말을 싫어하는 경향이 있었기 때문이다. 그러나 여러 우여곡절이 있었음에도 불구하고 퇴장자가 단 한명도 나오지 않은 전원일치로 현의회 결의가 이루어졌다. '작은 차이(小異)를 남기고 대동(大同)을 따른' 이 결의야말로 전후 오끼나와의 '섬 전체 투쟁'의 전통을 계승한 전체 오끼나와체제의 진수였다.

4월 25일에는 현의회 의견서와 똑같은 명칭의 현민대회가 열렸는데, 약 9만명이 집결했다.

하또야마 정권의 좌절

그러나 하또야마 수상은 섬 전체가 하나로 뭉친 오끼나와의 여론을 버팀목으로 삼아 대미교섭에 맞서지 않고, 내각 안팎의 포위망에 굴해서 5월 28일에는 자공당정권이 2006년 행한 미일합의로 되돌아가는 식으로 이 문제에 종지부를 찍고 자멸하듯 6월 2일에 사임했다. 그를 대신해

5·28합의를 충실하게 이행할 것을 약속하는 칸 나오또(菅直人) 정권이 발족했다. 하또야마 정권의 붕괴는 민주당 내부 대미추종파에 의한 쿠데타적 측면을 갖고 있었다. 하또야마 수상과 오자와 이찌로오(小澤一朗) 간사장에게 모든 책임을 전가한 칸 정권은 민주당 정권교체 당초의 이념을 방기하고 더욱 대미종속적인 외교로 시종일관했다.

하또야마 정권의 좌절은 오끼나와의 여론을 기대에서 분노로 전환시켰다. 그 분노의 칼끝은 하또야마를 포위해 압력을 가했던 원흉만을 향한 것이 아니라 언론 논조의 영향도 받아서 '갈팡질팡하다 좌절한 하또야마'에게 겨누어지는 경향도 있었다. 거기에는 정치에 대한 절망이나 무관심으로 흐르는 경향도 섞여 있었다.

그런 혼돈상황은 7월의 참의원선거에서 오끼나와의 투표율이 전국 최저인 것을 통해서도 나타났다(이 선거에서는 자민당의 현직, 사민당·사회대중당 계열 무소속, 공산당 계열 무소속의 세 사람이 경쟁해 자민당 현직이 당선되었으나, 3명 모두 5·28미일합의를 거부하는 방침을 내걸고 있었다. 또한 혁신계열 두 후보의 득표수 합계는 자민당 현직을 상회했다). 이 선거는 2월 현의회 결의를 스스로 배반한 혁신계열의 계파싸움의 병폐를 드러낸 것이었다.

그런데 9월에 열린 나고 시의원선거에서는 이나미네 시장파가 4개 의석을 얻어서 16의석, 시마부꾸로 전 시장파가 1개 의석을 잃어서 11의석이 됨으로써 이나미네 시장의 지지기반이 강해졌다. 마에하라 세이지 국토교통상(오끼나와 담당장관) 등이 민주당에서도 추천해 당선된 이나미네 시장을 제쳐두고 자공당 추천으로 낙선한 시마부꾸로 전 시장과 그 주변의 이권이 얽힌 지역토호들과 접촉해 다수파 만들기 공작을 반복해온 것에 대한 반발도 있었을 것이다. 마에하라 국교상과 키따자와 방위상은 하또야마 수상이 '국외·현외'의 깃발을 내리지는 않고 있던 1월의 시장선거 단계부터 민주낭 오끼나와현연합회가 이나미네를 지지하고 있었음에도 불구하고 뒤에서 시마부꾸로 전 시장을 지지했다는 이야기가 들렸고, 낙선 직후 상경한 시마부꾸로 요시까즈를 위로하기까지 했다.

오끼나와의 권력집단과의 대결자세, 나아가 막연한 반(反)야마또감정은 정치불신과 뒤섞이면서 더욱더 강고해졌다.

오끼나와 현지사선거의 키워드

2010년 11월의 오끼나와 현지사선거는 이런 정치상황

가운데서 치러졌다. 여기서 큰 의미를 지녔던 것이 '현외이설'이라는 키워드다. 오끼나와의 반기지운동은 '현외이설'이라는 단어를 기피하는 경향이 있었다. 미군기지들을 어디까지나 오끼나와에만 가두어두고자 하는 SACO합의에 대항해 1999년에 조직된 운동단체의 이름도 '현내이설 반대 현민공투회의'였다. 그러나 오끼나와의 민중운동이 오끼나와 소재 미군기지의 재편통합과 신기지건설에 대항해 투쟁을 계속하는 동안에도, 일본에서는 어떻게 보면 순조롭게 유사법제를 정비하고 있었다. 그런 상황에서 운동 내부로부터 '현내이설 반대가 아닌 현외이설을'이라는 목소리가 확산되어갔다.

그것은 구조적 오끼나와 차별 위에 성립하는 안보체제라는 현실에 대한 자각을 일본'국민'에게 요구하기 시작한 움직임이라고 말할 수 있다. 그리고 그것은 2010년 2월의 현의회 결의부터 4월의 현민대회 과정에서 오끼나와 전체의 기지에 반대하는 최대공약수적인 의사표현으로 나타났다.

실질적으로 현지사선거는 현직인 나까이마 히로까즈 지사와 기노완(宜野灣)시장을 사임하고 입후보한 이하 요오이찌(伊波洋一) 후보 간의 경합이었다. 자공당이 미는 나까이마 지사는 본래 조건부 현내이설용인파였다. 정권교체 후에 여론의 동향을 좇아 '현내이설은 사실상 불가능해졌다'고 이야기하기는 했지만, 그 자신은 현내이설 반대를 명확하게 내세우지 않고자 했다. 자공당의 현연합회와 현본부는 야마또에 대한 분노와 모종의 오끼나와 내셔널리즘의 바람을 타지 않는 한 승산이 없다고 전망하고, 나까이마에게 '현외이설'로의 방침 전환을 명확하게 표명할 것을 요구했다. 나까이마로 하여금 현외이설을 결단하게 한 결정타는 현외이설을 주장해온 오나가 타께시(翁長雄志) 나하시장이 선거대책본부장을 맡은 점이었다. 오나가는 자위대 비행기로 이오지마(硫黃島)를 시찰하는 등 현외이설의 방향을 모색하거나 4·25현민대회 공동대표를 맡는 등으로 나름대로 일관된 언행을 보여왔다.

한편, 사민당·사회대중당·공산당이 미는 이하 요오이찌 후보는 노조위원장, 혁신계열의 현의원, 기노완시장을 역임하고 반기지·반안보라는 입장으로 일관하고 있었다. 이하는 시장 시절부터 방대한 미국측 자료를 읽으면서 9·11 이후 대테러전략에 기초한 미군재편의 주안점은 괌의 중추(hub)기지화이며, 후뗀마에 주둔한 전투부대를 괌으로 이전할 의도가 있다고 확신하고 있었다. 이하의 이러한 인식은 아마도 틀리지 않을 것이다. 헤노꼬는 미국 입장에서는 거래재료(괌기지 정비를 위한 일본의 재정지원 획득 같은)로서의 기득권 확보에 지나지 않으며, 일본 입장에서는 미군기지를 오끼나와에 가두어두는 방책(기지문제·안보문제가 전국화하는 것에 대한 방지책)이었다.

그러나 "미군재편계획 그 자체는 후뗸마를 괌으로 이전할 것을 의도하고 있으며, 현내이설은 완전히 불필요"하다는 이하의 지적은 국외이설을 주장한다는 인상을 주었다. 한편 이하 진영에서 한몫을 하고 있던 공산당은 현외이설이 다른 부현에 부담을 전가하는 데 지나지 않고 전국적인 반기지운동과의 연대를 저해한다고 여겼으며, '무조건철거'를 주장하며 현외이설을 적극적으로 내세울 것인가 여부에 대해 진영 내부에서도 알력이 생겼다.

나까이마 진영의 사령탑으로서 지휘를 맡고 있던 오나가 타께시는 이 점을 교묘하게 파고들어서 다음과 같이 말한다.

"미일 양 정부를 향해 상대방 진영처럼 반미·반안보를 갖고서 접근할 것인지, 우리처럼 날개를 펼쳐서 현민이 결속해 접근할 것인지의 문제가 부각되었다. (…) 우리는 '현외'라고 강하게 주장하고 있지만 사실 '국외'라도 상관

없다. 그러나 상대방 진영은 현외라고는 말하고 있지 않다. 이것은 현민의 의지와 크게 거리가 있는 것이다.”(『류우뀨우신보』 2010. 11. 27) **그림5**의 선거공보처럼 ‘전국의 0.6%의 면적에 74%의 미군기지는 이제, 사양하겠습니다!’ ‘후뗀마기지는 현외로!’ ‘국민 전체의 문제로서 일본의 안전보장을 생각해야 한다!!’ ‘오끼나와문제의 해결 없이 일본의 자립은 없다!!’고 적극적으로 캠페인을 벌였다.

이와 반대로 이하 진영은 반기지운동 활동가로서의 인상을 옅게 하고자 의도한 까닭인지 선거공보에서도 ‘‘후뗀마문제’ 깨끗하게 결말을 짓고 경제진흥에 전력을’ 다한다며 경제·복지정책에 중점을 두고, 기노완시상으로서의 행정실적을 강조했다. ‘현외이설’이라는 키워드를 능란하게 사용해 기지문제를 쟁점화한 것은 나까이마 진영이었다.

하나 덧붙이자면, 이하의 지지층 중 상당수가 괌으로 기지를 이전하는 것은 차마 못 견뎌하는 심정이었다는 점이다. 괌이 미국영토인 것은 틀림없지만 원주민 차모로(Chamorro)족은 2급시민으로서 차별받고 있다는 현실을 인식하기 시작했기 때문이다.

선거결과는 나까이마 33만 5,708표, 이하 29만 7,082표였

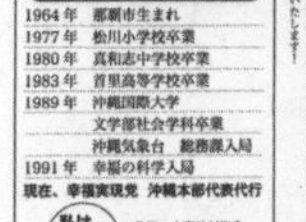
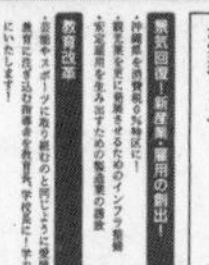

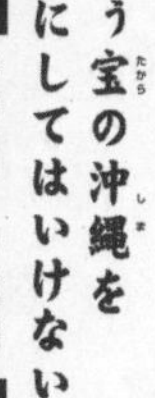

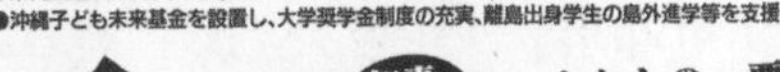

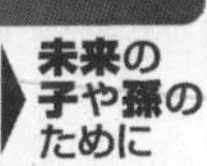

平成22年11月28日執行
沖縄県知事選挙
選挙公報
沖縄県選挙管理委員会
TEL 098-866-2141

沖縄・尖閣を守る!!
争点は「基地移設問題」です!

命どう宝の沖縄を戦場にしてはいけない!!
タツローの主張

金城タツロー・プロフィール
1964年 那覇市生まれ
1977年 松川小学校卒業
1980年 真和志中学校卒業
1983年 首里高等学校卒業
1989年 沖縄国際大学 文学部社会学科卒業
　　　 沖縄気象台 総務課入局
1991年 幸福の科学入局
現在、幸福実現党 沖縄本部代表代行

金城タツロー 公式ホームページ　http://kinjo-tatsuro.net.

幸福実現党
金城タツロー
（46歳）

普天間問題　きっぱり決着し、経済振興に全力
イハ　知事には　洋一　へ
あなたの一票で今、沖縄が動く

社民主党・日本共産党・沖縄社会大衆党すいせん
イハ洋一

県民の心をひとつに!
なかいま県政が策定した21世紀ビジョン　県民の知恵と汗の結晶

1. 沖振法の恒久化となる「沖縄新法」の制定
2. 基地跡地利用対策の推進
3. 沖縄振興一括交付金の獲得

未来の子や孫のために

普天間基地は県外移設へ!
全国の0.6%の面積に74%の米軍基地はもう、ゴメンです!
国民全体の問題として日本の安全保障を考えるべき!!
沖縄問題の解決 無くして、日本の自立 無し!!

沖縄県知事候補　無所属
なかいま弘多

그림5 선거공보

다. 투표율은 60.88%로, 양 진영 모두 지난번 지사선거에서 나까이마 히로까즈와 이또까즈 케이꼬(系數慶子) 두 사람이 획득한 표에서 각각 1만 2천표 정도 밑돌았다. (이 시기 텔레비전에서 반복해서 방송된 센까꾸尖閣 앞바다의 중국어선 충돌사건 영상이나 북한의 남한영토 연평도 포격사건도 선거결과에 어느정도 그림자를 드리웠을지 모른다.)

민주당은 한때의 기지용인파인 나까이마 지사에게 기대를 걸면서 당의 정책과 다른 후보를 지지하지 않도록 현연합회에 압력을 가했으나, 오끼나와 지역구의 참의원의원 2명은 이하를 지지한다고 표명했고, 적극적으로 이하 진영에 가담한 현이원과 시의원도 있었다. 헤노꼬이설 용인과 미일동맹 강화를 말하는 칸 내각, 민주당정권과 같은 주장을 내세운 것은 행복실현당 후보뿐이었으며 득표수는 1만 3천여표였다. 이하 진영이 패배한 최대 원인은 차별에 대한 정당한 분노의 표현인 '현외이설'이라는 키워드를 유효한 수단으로 적극적으로 활용하지 못한 데 있었다. 현외이설을 주장하면서도 단순한 이설예정지 탐색에 그쳐 실패하고 만 것은 하또야마 정권이었다. 그러나 그로 인해서 이 단어의 본래적 의미가 부각되었다. 그것은 안보·기지문제를 남의 일마냥 생각하던 야마또의 다수파 여론으로 하여금 기지·안보문제를 자신들과 관계가 깊은 문제로서 주체적으로 생각하게끔 만드는 유효한 수단이기도 했다.

구조적 오끼나와 차별이 흔들리면 안보가 흔들린다. 그러나 '안보폐기' '기지철거'라는 그럴듯한 구호를 계속해서 외친다 한들 안보체제는 꿈쩍도 하지 않는다. 지사선거는 흔들림 없는 전략적 목표를 견지하면서 전술적으로는 한없이 유연한 현실적 대응이 요구되는 현재 상황에서의 투쟁에 대한 교훈을 남겼다고 할 수 있다.

오끼나와는 이하 신지사를 등장시켜서 단번에 미국과 일본 양측 정부를 몰아세우는 극적인 역사적 드라마를 실현할 수는 없었다. 하지만 역사가 후퇴한 것은 아니다. 종래의 지사선거는 조건부 기지용인파와 기지반대파 사이의 경합으로 치러졌다. 그런데 이번 지사선거에서는 행복실현당을 제외하고 조건부 기지용인파는 등장하지 못했던 것이다. 이것이야말로 2010년 오끼나와 현지사선거의 최대 특징이었다.

헤노꼬인가 후뗀마 고정화인가

미군재편의 다음 고비는 칸 정권 말기인 2011년 6월에 있은 클린턴 미 국무장관, 게이츠 미 국방장관, 마쯔모또 타께아끼(松本剛明) 외상, 키따자와 토시미 방위상 등의 미일안보협의회, 이른바 '2+2'라 불린 회의였다. 이 2+2에서는 그때까지 목표였던 2014년까지 헤노꼬로의 기지이설이 무리라는 것을 인정하고, 그럼에도 '후뗀마의 고정화를 피하기 위해' 2014년 이후 최대한 이른 시기에 헤노꼬 이설을 실현할 것에 합의했다. 후뗀마 반환은 말하자면 이제까지 정책의 대전제였다. 그런데 이제는 후뗀마 고정화가 오끼나와에 대한 공갈수단이 되었으며, 미일 양측 정부에 있어서는 빠져나갈 구멍으로 변해가고 있었다.

〔2011년〕 9월에 성립한 노다 요시히꼬(野田佳彦) 내각의 오끼나와정책은 이 합의를 받아들여 전개된다. 칸 정권 시절에는 정부와 오끼나와가 서로를 노려본 채 교착상태를 끌어갔다면 노다 정권은 손바닥을 뒤집은 듯이 유연하게 대응했다. 예컨대, 그 전해 9월에 있은 나고시 시의회선거 직후에 시장과 시의회 의장이 상경했을 때 에다노 유끼오(枝野幸男) 민주당 간사장과 센고꾸 요시또(仙谷由人) 관방장관은 "정치적 퍼포먼스에 맞춰줄 필요는 없다"라며 관계각료·정부고관과의 회견을 저지했다. 키따자와 방위상은 시마부꾸로 전(前) 시장 시절에 결정한 미군재편특조법 관련 교부금을 2010년 12월이 되자 교부하지 않겠다고 하

면서 "반대하기 위해서는 그 나름의 각오가 필요"하다고 딴전을 부렸다.

그러나 노다 정권이 들어서자 9월 말에 사이또오 츠요시(齋藤勁) 부(副)관방장관, 10월에는 카와바따 타쯔오(川端達夫) 총무상(오끼나와 담당), 이찌까와 야스오(一川保夫) 방위상, 겐바 코오이찌로오(玄葉光一郎) 외상 등이 잇따라 오끼나와를 방문해서 언론에서 '오끼나와 참배'라고 야유받는 실정이었다. 사이또오 부관방장관은 오끼나와 현지사선거 때 민주당 집행부의 규제를 무시하고 이하 요오이찌 후보를 명확하게 지지한 몇 안되는 민주당의원 중 한 사람으로, 이나미네 나고시장과도 오랫동안 아는 사이였다. 사이또오 부관방장관은 지사와 현의회 의장뿐 아니라 이나미네 나고시장도 방문해 회담을 가졌다. 사이또오에 이어서 카와바따 총무상, 이찌까와 방위상, 겐바 외상도 나고시장을 방문했다.

이러한 노다 정권의 대응의 뒤편에서는 방위상 지위에서 물러난 키따자와 [민주]당 부대표가 같은 해 10월 이임(離任)인사라는 명목으로 오끼나와를 방문해 "어떠한 어려움이 있어도 [헤노꼬 이설을] 끝까지 해낸다"라며 시마부꾸로 요시까즈 전 나고시장 등 지역용인파[현내이설용인파)를 격려하고 있었다. 이미 이에 앞서 7월에 마에하라 정조회장(政調會長)은 자민당의 나까따니 겐(中谷元), 공명당의 사또오 시게끼(佐藤茂樹)와 함께 '신세기의 안전보장체제를 확립하는 의원의 모임' 대표간사로 오끼나와를 방문해, 자민당·공명당·민주당 중 어느 당이 정권을 맡더라도 당파를 넘어서 헤노꼬로의 이설을 추진해갈 것이라고 강조했었다. 그들의 지역분열공작에 고무된 지역용인파는 "후뗀마 이설과 북부진흥책은 의심할 여지 없이 연결되어 있다"고 하면서 '북부진흥추진 나고대회'를 개최함으로써 (10. 26) 용인파에서 유치파로 탈바꿈해간 것이다.

미국의 재정파탄과 의회의 동향

노다 정권이 성립한 이후 나타난 급속한 움직임의 배경에는 미국의 사정이 있다. 그리고 그 밑바탕에는 미국의 재정파탄에 따른 군사비 삭감, 직접적으로는 괌으로의 이전비(정확하게는 괌을 미군 군사거점으로 재구축하기 위한 경비)를 둘러싼 오바마 정권(이것도 정확하게 말하자면 미군재편계획을 입안하고 수행해온 참모들)과 의회의 밀고 당기기가 있다.

2+2가 '주일미군 재편성의 진전'에 합의하고 난 뒤인 6

월 22일, 미 상원 군사위원회는 "엄중한 재정긴축이 요구되고 있으며, 나아가 정치적·대중적 반대에 직면한 지금 오끼나와와 괌 두 지역에 대규모 군사시설을 건설한다는 과제를 달성하는 것은 현실적인 기간 내로는 불가능하다"고 지적하면서 2012 회계연도 국방권한법에서 괌 이전예산 1억 5,600만 달러를 삭제했다. 또한 "위원회는 국방장관에게, 임무의 일관성을 유지하고 미국과 일본의 경비부담을 최소화함과 함께 후뗀마 해병대비행장을 신속하게 오끼나와로 반환하며, 카데나기지 주변 주민에 대한 소음부담을 경감한다는 목적에 입각해 캠프 슈워브의 값비싼 대체시설이 아니라 카데나기지에 있는 공군장비·인원의 전출과 현재 후뗀마에 있는 해병대 항공장비·인원의 카데나 이전의 실현가능성을 연구하도록 지시"했다(NPO법인 피스데포「핵병기·핵실험 모니터〈379호〉」).

카데나통합안은 칼 레빈(Carl Levin) 미 상원 군사위원회 위원장(민주당), 존 매케인(John McCain) 선임이사(공화당), 짐 웹(Jim Webb) 위원(민주당)이 게이츠 국방장관에게 보낸 2011년 5월 6일자 서간에서 이미 권고한 내용을 공식화한 것이라고 할 수 있다. 상원 본회의에서 이 전액삭감안을 가결했으나 하원이 전액승인한 탓에, 양원협의회에서 조정을 거친 결과 12월 12일 전액삭제에 합의해 12월 말에 2012 회계연도 국방권한법이 성립되었다.

미국정부는 이러한 움직임에 대해서 후뗀마문제의 진전상황을 제시해 의회를 설득할 자료로 사용하고자 했으며 일본정부도 이에 동조했다. 게다가 그 내부 실정을 살펴보면 이제까지 미군재편계획을 입안하고 수행해온 참모들의 정치적 의도에 의한 정보조작이 아니었을까 의심해볼 만한 측면도 있다.

예를 들어 노다 수상이 UN총회 출석차 미국에 갔을 때 이루어진 2011년 9월 21일의 미일정상회담에서, 오바마 대통령이 후뗀마문제에 대해 "결과를 요구할 시기가 다가오고 있다"고 강경발언을 한 것이 크게 보도된 적이 있었다. 그러나 노다 수상은 중의원 예산위원회에서 "대통령 본인보다는 브리핑을 한 분의 개인적인 생각에서 나온 게 아니겠는가"라며 이를 부정했다. 정상회담에 대해 보도진에게 브리핑을 한 사람은 이제까지 미일합의 결정에 깊게 관여해온 캠벨(Kurt Campbell) 미 국무차관보였다. 즉 미국과 일본 양쪽 모두 정권 차원의 정책적 우선순위나 정책추진의 중심담당자도 명확하게 정하지 않은 채로, 정권 내부의 안보마피아라고 불리는 특정집단이 '미일동맹 심화'나

'후뗀마문제의 진전'을 이야기하고 기정방침의 강력한 추진을 시도한 것이다.

그리고 방일한 파네타(Leon Panetta) 미 국무장관과 이찌까와 방위상의 회담(10. 25)으로 하또야마 정권 이래 붕 떠 있던 헤노꼬 이설을 위한 환경영향평가서를 2011년 내로 오끼나와현에 제출할 것이 분명해졌다. 이에 대해 11월 14일 오끼나와 현의회는 '환경영향평가서의 연내제출단념을 요구하는 의견서'를 전원일치로 가결했다. 그러나 노다 정권은 이 전원일치의 결의를 무시했다. 오끼나와방위국은 연말에 업무를 종료해 사람이 없는 12월 28일 오전 4시 무렵 오끼나와현청 수위실에 환경영향평가서를 전달했다. 이 행위와 제출 타이밍을 둘러싼 부적절한 발언("하기 전에 '언제 할 것이다'라고 말하겠습니까?"[23])으로 경질된

---

[23] 2011년 12월 28일 나하의 술집에서 진행된 타나까 사또시와 10개 신문사의 비공식 간담회자리에서 환경영향평가서의 제출시기를 명확하게 하지 않은 것에 대해 "이제 막 (여성을 범)하려고 할 때, 범하겠다고 얘기하겠습니까"라고 발언했다는 것을 29일자 『류우뀨우신보』가 보도했다. 같은 날 토오꾜오방위성은 타나까를 소환해 조사했다. 그 결과에 따라 이찌까와 야스오 방위상은 타나까를 오끼나와방위국장직에서 경질했다. 이날 방위성이 청취한 결과, "본인의 설명에 의하면 "내 입으로 '하기' 이전에 '한다'라거나 언제쯤 '한다'고는 말할 수 없다" "갑자기 '하는' 것은 난폭한 일이다. 조심스럽게 할 필요가 있다.

타나까 사또시(田中聰) 오끼나와방위국장의 발언을 둘러
싼 코미디는 전국적으로 되풀이 보도되었다.

나까이마 지사는 실무적인 절차의 하나로 여기고 법령
상 제출된 평가서를 거부할 수 없다며 이것을 수리했다.
평가서에 앞선 2009년의 준비서에는 500건의 지사 의견
을 포함한 5,000건의 의견이 수록되어 있었으나, 7,000면
에 이르는 평가서는 이 의견들에 대해 '가능한 한 미군에
게 전하겠다'거나 '미군의 운용과 관련된 것으로 구체적
인 것을 제시하기는 곤란하다'는 등의 평계를 늘어놓으면
서 '환경보전에 특별히 지장은 없다'고 결론지었다. 두 지
역신문과 현의 환경영향평가심사회의 점검작업을 통해서
이 방대한 평가서의 조잡한 내용이 구체적으로 밝혀졌다.
그리고 그 점검과정에서 평가서를 작성한 하청회사가 방
위성 출신 관리들의 낙하산 인사의 정착지인 점도 폭로되
어서 현민의 분노를 샀다.

현지사는 '비행장건설'에 관한 의견서(2012. 2. 20)와 '매

난폭하게 해버리면 남녀관계로 생각할 때 범죄가 된다" 같은 내용의
이야기를 한 기억이 있다는 것이었다. 또한 "'한다'라는 것은 평가서
를 제출하는 것에 대해 이야기하려던 것이었으며, 적어도 '범한다'라
는 말을 쓴 기억은 없다"라고도 했다(2011년 11월 29일 『요미우리신
문』 전자판).

립'에 관한 의견서(3. 27)를 제출했다. 그리고 '비행장건설'
과 '매립'에 있어서 각각 25항목 175건, 36항목 404건의
'부적절한 사항'을 지적하고, 두 사안 모두에 대해서 '평가
서에서 제시한 조치로는 생활 및 환경의 보전을 확보하는
것이 불가능'하다고 결론지었다. 또한, 두 의견서 모두 그
전문(前文)에서 "(헤노꼬)이설은 사실상 불가능하며, 국내
다른 지역으로의 이설이 합리적"이라고 밝혔다.

개정 오끼나와진흥법과 군용지철거부지 이용추진법

노다 정권이 "성심성의를 다해 오끼나와의 이해를 구해
서……"라고 되풀이하면서도 오끼나와의 전체 뜻을 무시
하고 헤노꼬 이설을 밀어붙인 수단 중 하나가 '후뗀마 고
정화인가, 헤노꼬 이설인가'라는 양자택일을 강요하는 공
갈이라는 점은 이미 앞서 언급한 바 있다. 이와 다른 또 하
나의 수단이 2012년도 예산부터 시작되는 새로운 오끼나
와진흥계획이다.

10년 간격으로 이루어지는 오끼나와진흥특별조치법에
기초한 진흥계획은 2011년도까지가 기한이었기에 새로운
진흥계획이 필요했다. 오끼나와현은 종전의 국가 주체의
진흥계획을 대체해 현이 주체가 되는 진흥계획을 찾고 있

었다. 조건부 보조금을 재량권이 강한 일괄교부금으로 바꿀 것도 요구하고 있었다. 그 2012년도 예산이 대폭 증액되었다. 당초에 예상했던 2,600억엔이 막판(12. 24)에 2,937억엔이 되었다. 전년도 대비 636억엔의 대폭적인 증액이었으며, 일괄교부금은 5배 증가했다. 현재의 재정상황에 비추어볼 때 이례적이라고 할 수 있다.

2012년 3월 30일에 현이 진흥계획의 주체가 될 것을 정한 개정 오끼나와진흥특별조치법과, 반환군용지의 철거부지 이용촉진에 대한 국가책임을 명시한 군용지철거부지 이용촉진특별조치법[24]이 참의원 본회의에서 전원일치로 가결, 성립되었다. 정부안의 최종조정 단계에는 자민당과 공명당도 참가했으며, 〔이 개정은〕 지사가 요구한 것에 대해 120% 응답한 것이라고 평가되었다. 4월 8일에 타니가끼 사다까즈(谷垣槇一) 자민당 총재도 오끼나와를 방문해 나까이마 지사에게 "자민당이 끌어줬기에 활용하기에 좋은 것이 만들어졌다. 이것을 어떻게 활용할 것인가가 현의

---

24 2012년 4월 1일부로 시행한 법으로, 군용지의 반환과 반환 후의 조치를 주축으로 삼는 '오끼나와현의 주둔군용지 반환에 따른 특별조치에 관한 법률'(약칭 군전특조법, 1995년 6월 20일부터 시행하여 2012년 3월 31일 실효)에서 법률명을 개정했다.

회선거의 테마가 될 것이다"(『오끼나와타임즈』 4. 9)라고 힘차게 독려했다.

정부의 환경영향평가서에 대한 지사의 엄중한 의견서에도 불구하고, 정부와 자민당·공명당·민주당 3당 모두 6월에 예정된 오끼나와 현의회선거에서 지사를 지지하는 세력이 다수를 차지하면 지사도 어쩔 수 없이 태도를 바꿀 것으로 기대했다.[25] 그 현의회선거의 전초전으로 간주된 것이 기노완 시장선거이다.

기노완 시장선거의 패배

기노완시에서는 2010년 11월의 지사선거 출마를 위해 시장직을 사임한 이하 요오이찌 시장의 후임자로 부시장이던 아사또 타께시(安里猛)가 시장선거에 출마, 당선되어 기노완시장에 취임했다. 그러나 아사또 시장은 2011년 7월에 심장병으로 입원했고, 수술 후 경과가 양호하다고 보도되었으나 12월 말에 사의를 표명하여 2012년 2월 12일에

---

25 무소속으로 출마한 나까이마 지사의 지지기반은 자민당·공명당 지지자들이다. 나까이마 지사는 보수성향이면서도 '오끼나와 지역의 입장'을 견지해온 인물인데, 그런 그로서도 자신의 지지세력을 무시할 수는 없을 것이라는 점에서 나온 기대이다.

기노완시 시장선거가 치러지게 되었다.

보수계열에서는 자민당 현연합회의 정조회장이던 젊은 현의원 사끼마 아쯔시(佐喜眞淳)가 자민당 현연합회와 공명당 현본부의 추천을 받아 입후보했다. 사끼마는 나까이마 지사와 마찬가지로 한때는 현내이설용인파였으나 현외이설파로 전향해 '지사와 한몸'인 것을 강조했다. 사회대중당·사민당 현연합회와 공산당 현위원회는 이하 요오이찌를 추대했다. 민주당 현연합회는 "안보를 부정하는 후보자는 지지할 수 없다"(아라까끼 야스히로新垣安弘 대표)며 자유투표를 선택했다.

결과는 900표의 근소한 차이로 사끼마가 당선되었다. 『아사히신문』 2월 13일자 석간이 '경제를 호소해 하마평을 뒤집다'라고 보도했듯이, 사전 예상에서는 이하가 우위였다. 같은 지면에는 사끼마 진영측 시의원이 "솔직히, 이길 것이라고는 생각지도 못했다"라고 발언한 내용도 실려 있다. 투표공고 직전에 마나베 로오(眞鍋朗) 오끼나와방위국장이 기노완시에 거주하는 직원들에게 명백한 투표간여라고도 볼 수 있는 '강화(講話)'를 한 것도 정부와 방위관료의 초조함을 보여주는 것이었다. 이하에게는 기노완시장 2기 7년의 실적이 있었다. 2010년 11월의 지사선거 때에도 현내 10개 시 중 9개 시에서는 나까이마의 득표수가 높았으나 기노완시에서는 이하의 득표수가 더 높았다. 이하의 후임 시장으로는 그가 시장 당시의 부시장이던 아사또 타께시가 당선했었다.

이른바 혁신진영이 '이하라면 이길 수 있다'는 안이한 선택을 했던 것은 부정할 수 없다. 그런데 그것이 '복직의 혹(出戾り)공격'을 초래하게 되었다. '지사선거에 출마하기 위해 시장을 그만두었는데 지사선거에서 패배하자 다시 시장이 되려 한다'는 흑색선전이 일정한 효과를 거두었다는 점을 지적하는 신문기자도 적지 않았던 것이다. 이하요오이찌에게 대항의식을 불태워온 나까이마 지사가 사끼마를 지원하는 데 진력하여, 시내에 존재하는 두 파벌의 보수파들을 일원화하는 데 성공한 결과라는 지적도 있다. 그러나 시장선거가 한창인 때에 돌연 부상한 미군재편 재검토 뉴스가 끼친 영향도 적지 않다.

돌연 부상한 미군재편 재검토

2012년 2월 4일자 각 신문들은 '2일 미국 블룸버그통신은 미국이 후뗸마 이설과 오끼나와 소재 미 해병대의 괌 이전을 '패키지'로 상정했던 미일합의를 재검토하고, 괌으로의 이전을 선행하는 안을 검토 중이라고 보도했다'라고 전했다. 이와 관련해 겐바 외상은 2011년 12월부터 미일협의가 진행 중임을 인정했다. 이어서 2월 8일에는 미일 양 정부가 재검토의 기본방침을 발표하는 수순을 밟았다. 기본계획에 따르면 헤노꼬를 유일하게 유효한 이설예정지로 인식하면서도, 해병대의 괌으로의 이전이나 카데나 이남(以南)의 반환을 패키지에서 분리하는 안을 몇주에서 몇 개월에 걸쳐 검토, 조정한다는 것이었다. 괌으로 이전하는 해병대의 인원을 줄여서 오스트레일리아·필리핀·이와꾸니 등지로 분산할 것을 검토한다는 보도도 나왔다. 앞서 이야기한 미 의회의 요구에 대응할 수밖에 없기에 생겨난 재검토이다.

애초에 미군재편도 이러한 재검토도 미국의 군사전략이나 재정상의 필요성 때문에 이루어진 것이다. 그것을 '오끼나와의 부담 경감'인 것처럼 가장해 강제하려 했기에 지체되고 이랬다저랬다 하게 되는 것이다. 직접적으로 관계가 없는 카데나 이남의 반환을 후뗀마의 헤노꼬 이전과 결부하고, 헤노꼬기지 건설이나 일본의 자금갹출을 미 해병대의 괌 이전의 전제로 삼아 한묶음의 패키지로 만들어버린 탓에 자승자박 상태에 빠진 셈이다.

그러나 패키지를 풀어버렸다고 해서 '오끼나와의 부담 경감'이 앞당겨질 것이라고 단정할 수는 없다. 2006년합의 〈로드맵〉에서 이미 2007년 3월까지 카데나 이남에 대한 더욱 상세한 반환계획을 명확하게 하겠다고 말했으나, 아직까지도 명확하게 하지 않고 있다. 재편계획의 엉성함을 보여주는 것이라고 말할 수 있겠다. 일본정부가 제공한 괌기지 건설비도 사용되지 않은 채로 남아 있다. 미군재편계획의 좌절은 후뗀마의 고정화를 초래할 가능성도 높다.

이런 우왕좌왕이 시장선거에 일정한 영향을 끼쳤을 수도 있겠다. 선거 직후의 『류우뀨우신보』 칼럼(2. 15)에 다음과 같은 내용이 있다.

"오끼나와와 그밖의 일본에서 왜 이렇게까지 대응방식을 바꾸는 것일까. 왜 이와꾸니에서는 '밟히고 차이더라도' 계속 설득해보지 않는 것이며, 왜 미국에 헤노꼬 이설에 대해 거부의 뜻을 밝히지 않는 걸까. 지금 겐바 코오이찌로오 외상은 이렇게 말하고 있는 것이다. 후뗀마 비행장의 나고시 헤노꼬로의 이설에 대해서는 현내 강행의 입장을 취한다. 한편으로는 미국측이 타진해온 오끼나와 주둔 해병대를 이와꾸니기지로 일부 이전하는 것에 대해서는 현지인에게 '부탁할 일은 없다. 안심해주시길 바란다'고 설명하고 미국의 방침을 거부할 의향이다."

이 대목은 급부상한 미군재편 재검토에 관한 부분에서 발췌했다. 미 해병대의 분산이전 예정지 중에 이와꾸니가 포함되어 있었으나, 정부는 야마구찌현지사와 이와꾸니시장이 맹렬히 반발하자 서둘러서 취소했던 것이다. 칼럼 후반부는 다음과 같이 말한다.

"한 정치가는 '오끼나와에 필요없는 것은 일본 어디에도 필요없는 것이라고 생각하기에, 국외(로의 이설)가 우선되어야 한다'고 말했고, 다른 한 사람은 '현외이설을 요구하고 받아들여줄 곳이 있다면 시장으로서 인사하러 가겠다'고 주장했다. 기노완 시장선거에서 경쟁했던 두 후보자가 『류우뀨우신보』 좌담회에서 후뗀마의 이설예정지에 대해 이야기한 지론이다. 당선한 것은 후자인 사끼마 아쯔시 씨이다. 국가에 당당하게 공약을 호소해주길 바란다."

구조적 오끼나와 차별이 축적되면서, 이렇듯 모종의 뒤틀림현상을 일으키고 있다.

분산시킬 해병대 인원 중 약 1,500명을 이와꾸니로 보내고자 했던 미국의 제안은 약 1개월 후에 미국과 일본 사이에서는 일단 합의된 것으로 보였으나, 그렇다고 해서 오끼나와의 동의를 얻을 수 있는 것은 아니었다. 3월 15일, 요

세다 카네또시(與世田兼稔) 부지사는 설명하기 위해 오끼나와를 방문한 야마구찌 츠요시(山口壯) 부외상에게 "겐바 코오이찌로오 외상으로부터 '(오끼나와의 부담 경감을) 일본 전체가 생각하자'는 이야기가 있었지만, 이와꾸니와 기타 지역을 포함한 수용논의에 이르면 그 자리에서 말소리가 작아진다"며 '위화감'을 표명하고 있다(『마이니찌신문』 2012. 3. 16). 3월 18일의 『류우뀨우신보』는 '차별대우 선명, 이와꾸니 이전 거부'라는 제목으로 이 문제를 상세하게 해설했다. 기노완시의 여성반기지그룹 '카마두구와(カマドゥー小)들의 모임'은 3월 21일에 오끼나와방위국을 방문해 '이와꾸니로의 이전은 거부하면서 어째서 헤노꼬로의 이전은 거부하지 않는가' 그 이유를 추궁했다. 3월 26일의 참의원 예산위원회에서 오끼나와 지역구의 야마우찌 토꾸신(山內德信) 의원은 구조적 차별이라는 단어를 사용해 노다 수상을 추궁했다. 노다 수상은 다음과 같이 답했다.

"이와꾸니는 아쯔기(厚木)기지의 함재기를 이전하기로 되어 있으므로 이 이상의 부담을 줄 수 있는 상황이 아니다. 오끼나와에만 부담을 강요하고 있는 것이 아니다."

오끼나와에도 함재기의 이전문제나 이하라 카쯔스께(井原勝介) 전 이와꾸니시장의 반대운동에 대해서는 잘 알려져 있으며, 기지반대운동 관계자끼리의 교류도 있다. 그렇다고 해서 이번의 정부대응이 구조적 차별을 드러내 보인 것이라는 사실은 달라지지 않는다. 덧붙여 이야기해두자면, 1972년 오끼나와반환 때에 나하 공항에 있던 미 해군초계기 P-3C의 이전예정지로 미사와나 이와꾸니가 제안되자 당시의 후꾸다 타께오(福田赳夫) 외상이 정치문제화하는 것을 피하기 위해 '오끼나와에 있는 다른 기지로' 이전할 것을 요청해, P-3C가 카데나로 이전한 선례도 있다.

오랫동안 누적되어 구조화된 차별은 오끼나와의 반발을 예민하게 만들어가지만, 역사에 둔감한 정치가나 언론은 그것이 의미하는 바를 이해하지 못한다.

다양화하는 미국 내 논의와의 대화

그런데 2011년 5월 미국의 세 상원의원의 문제제기가 상하 양원의 방침이 되었을 뿐만 아니라, 미국 내에서는 유력한 싱크탱크 관계자 등 다양한 입장에서 헤노꼬 재검토론이 대두하기 시작했다. SACO 공동의장으로 헤노꼬 이설에 깊이 관여한 조지프 나이(Joseph S. Nye, Jr.) 하바드대학 명예교수마저 "해병대를 오끼나와 안에서 옮기는 것은 오끼나와사람들에게 받아들여지지 않을 것 같다. 해병대를 오스트레일리아로 이동시키는 것이 현명한 방책이다"라고 주장했으며, 마이크 모치즈키(Mike M. Mochizuki) 조지워싱턴대학 교수와 마이클 오핸론(Michael O'Hanlon) 브루킹스연구소 선임연구원은 미국 본토 서해안으로 옮겨야 한다고 제언한다.

그들이 평화주의자라는 것은 아니다. 다만 재정적 제약 속에서 군사전략을 생각해야 하는 합리주의자이기는 할 것이다. 그 합리주의적 사고범위 내에서 '민의'에 대한 배려도 가능한 것인지 모른다. 적어도 모종의 정치적 의도나 차별적 심정을 은폐하면서 성실함을 가장하는 정치가와 관료 들보다는 대화상대로 훨씬 나을 것이다.

이러한 판단에 의해 오끼나와에서는 2011년 10월 후뗀마 폭음소송의 원고, 카데나 폭음소송의 원고, 헤노꼬나 타까에(高江)의 헬리콥터 이착륙장 건설에 반대하는 사람들, 미군군속에 의한 교통사고 사망사건 피해자의 동료 등이 '미군기지로 인해 괴로워하는 오끼나와의 목소리를 미국에 전하는 모임'을 결성해, 미 의회관계자와 시민을 대상으로 운동을 하게 되었다. 이리하여 2012년 1월 21일부터 28일까지 국회의원, 현회의원, 시·정·촌의회의원, 변호사, 반기지운동에 관여하는 시민 등 총 24명이 미국을 방

문해 4개 그룹으로 나누어서 미국 의원, 싱크탱크, 시민단
체 등 69개소를 방문했다. 호소의 요점은 ① 후뗀마의 폐
쇄·반환 ② 헤노꼬 신기지건설계획 반대 ③ 타까에 헬리
콥터 이착륙장건설 반대 ④ 후뗀마의 카데나통합 반대 ⑤
미일지위협정의 발본적인 개정 등 다섯가지였다.

현지에서는 미국과 일본의 연구자, 시민운동가, 재미 오
끼나와 출신자 등이 통역자로, 로비활동의 조언자로 방미
단의 활동을 지원했다. 몇번에 걸친 미국 방문경험과 인맥
을 활용해 미국방문단의 사무국장으로서 시장후보로 추대
될 때까지 이 활동의 준비작업을 추진했던 사람은 이하 요
오이찌였다.

미국방문단의 활동에 대해서는 『케시까지(けーし風)』[26]
74호(2012. 3)에 실린 타까미네 초오따(高嶺朝太)의 보고가
참고할 만하다. 미국방문단의 보고도 가까운 시일 내에 출
간될 예정이다.

---

26 아라사끼 모리떼루, 오까모또 케이또꾸 등이 중심이 되어 결성한 '신
　오끼나와 포럼간행회의'에서 발행하는 1993년 12월에 창간된 계간지
　이다. 잡지명 '케시까지'는 '역풍(返風)'이라는 단어를 오끼나와말로
　읽은 것이다. 주로 오끼나와의 현재적 이슈들을 다루며, 지금까지 계
　속 간행된다. 그 주요 참여인사들이 근래 동아시아 연대운동에도 참여
　하고 있다.

제3장

중국의 대국화와 미일동맹의 공동화, 그리고 동일본대지진

센까꾸제도 문제에서 무엇을 볼 수 있었는가
국경지역은 변경인가 평화창조의 장인가
동일본대지진을 어떻게 파악할 것인가

1. 센까꾸제도 문제에서 무엇을 볼 수 있었는가

(1) 미·중·일관계의 변화

센까꾸문제란 무엇인가

2010년 9월, 센까꾸제도(尖閣諸島, 중국명 댜오위댜오釣魚島) 해역에서 중국어선과 일본 해상보안청의 순시선이 충돌하는 사고가 발생했다. 당시 해상보안청을 관리하던 마에하라 세이지 국교상(오끼나와 담당상 겸임) 등은 이 문제를 이용해 중국위협론을 부추기면서 오끼나와 소재 미군기지, 특히 그중에서도 후뗀마의 해병대기지와 그를 대체할 헤노꼬의 신기지건설의 필요성을 강조하는 근거로 최대한 이용하고자 했다. 이미 코이즈미 정권 시절에도 중국인 활동가들의 센까꾸제도 상륙사건 등이 발생했지만, 야스꾸니참배문제로 중일관계가 최악의 상태였다고 할 수 있던 당시에조차 일본정부는 체포한 활동가들을 강제퇴거하고 문제가 확대되는 것을 피했다.

원래 안보재정의 단계부터 미일동맹의 현재적(顯在的) 적대세력은 핵무장을 지향하는 북한, 잠재적 적대세력으

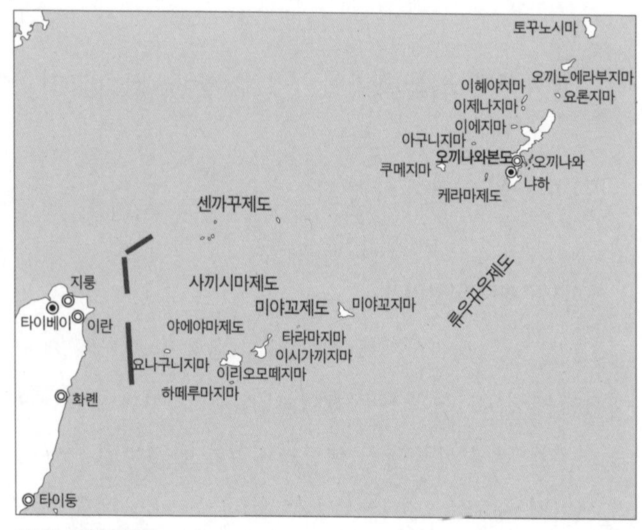

그림6 센까꾸제도

로는 놀라울 정도의 경제발전을 이루어 대국화를 지향하는 중국을 상정하고 있었다. 그것이 현실감을 지니기 시작한 것은 2000년대 후반 중국이 항공모함 건설을 가시화하기 시작한 단계부터라고 말할 수 있겠다.

예를 들어 1996~98년에는 하시모또 내각에서, 2003~4년에는 코이즈미 내각에서 총리대신 보좌관을 역임하고 오끼나와 기지문제에 깊게 관여한 외무관료 오까모또 유끼오(岡本行夫)는 파라셀 군도(Paracel Islands, 西沙群島)나 스프래틀리 군도(Spratly Islands, 南沙群島)의 선례를 언급

106

하면서 "오끼나와에서 해병대가 빠져나가면 중국은 센까꾸제도에 손을 뻗치기 시작할 것이다. 상황을 봐가면서 처음에는 어선, 다음에는 관측선, 마지막에는 군함을 내보낼 것이다"라고 예언했다.『아사히신문』주필인 후나바시 요오이찌(船橋洋一) 등도 더 완곡한 표현으로 중국의 센까꾸 진출에 대한 억지력으로서 오끼나와 주둔 미 해병대의 존재의의를 강조했다. 그런 의미에서 2010년 9월의 중국어선 충돌사건은 그들의 예언이 옳았음을 증명한 셈이다. 그리고 그것은 오끼나와에서 신기지건설 거부의 여론이 높아지는 것을 억누르기에 둘도 없이 좋은 재료로 이용되었다.

센까꾸제도 해역에서 충돌사건이 일어나기 반년 정도 전인 2010년 3월, 한국 해군의 초계함인 천안함 침몰사건이 발생했다. 이명박(李明博) 대통령은 이 사건을 북한의 공격에 의한 것이라고 단정하고, 대북 적대감정을 부추기는 데 이용했다. 이 초계함 침몰사건은 하또야마 정권을 이어받은 칸 나오또 수상에 의해서도 동아시아 안전보장 환경의 변화, 즉 오끼나와 주둔 미 해병대의 필요성의 논거로 이용되었다.

칸 정권이나 마에하라 국교상은 이러한 상황의 연장선상에서 중국어선 충돌사건으로 국내여론의 위기감을 부추기면서, 중국어선의 선장을 국내법(일본법)으로 재판함으로써 센까꾸제도의 영유권을 강조하는 데 이용하고자한 것으로 보인다. 그러나 이러한 일본정부의 의도는 그들의 예상을 넘어선 중국정부의 강경한 대응으로 말미암아비참한 실패로 끝나고 말았다. 일본정부는 정부로서 책임 있는 정치적 판단을 방기하고 나하 지검의 판단에 맡기는형태로 구류연장까지 한 중국어선의 선장을 석방했던 것이다.

경제적 상호의존과 군사적 대항관계

중국은 군사적 위협을 가했던 것이 아니다. 희토류(稀土類)의 수출금지, 일본행 관광 규제, 일본 상사원의 구속 같은 수단을 단계적으로 강화함으로써 일본에 압력을 가했다. 그것이 반드시 공정한 수단이었다고는 말할 수 없지만, 이제는 제1위 무역대상국인데다 중국인 관광객 유치정책을 갓 시작한 일본정부에는 지극히 효과적이었다.

일본정부가 상정하지 않은 또다른 문제는 뒤를 봐주리라고 여겼던 미국의 태도였다. 중국과 군사적 대항관계에 있는 미국으로서도 이 시점의 최우선과제는 중국 위안화 절상 등의 경제문제였으며, 중국과 일본이 센까꾸제도를 둘러싸고 벌이는 영유권분쟁은 자국의 경제적 이해관계의 견지에서 보자면 사소한 문제에 지나지 않았다.

또한 군사적 관점에 입각했을 때 이 지역에 중일 간 분쟁이 존재하는 것은 미군의 오끼나와 주둔을 정당화한다는 의미에서 미국의 국익에 들어맞기도 했다. 어찌 됐든 이 사건은 중국민중의 반일감정을 자극하고 일본민중의 혐중(嫌中)·반중감정을 증대한 것임에는 틀림없다.

(2) 국가 고유의 '영토'인가 지역주민의 '생활권'인가

센까꾸 영유문제의 발단

센까꾸제도(댜오위다오) 영유권문제는 1968년에 UN의 아시아극동경제위원회(ECAFE, 1947년 설립, 1974년 '아시아·태평양경제사회위원회'ESCAP로 개칭) 조사단이 이 주변해역에 석유자원이 매장되어 있을 가능성을 지적한 데에서 시작되었다. 당시 류우뀨우 입법원은 1970년 8월에 "원래 센까꾸열도는 야에야마 이시가끼시 토노시로(八重山石垣市字登野城)의 행정구역에 속해 있으며, (…) 이 섬의 영토권에 대해서는 의문의 여지가 없다"고 의결했다. 본디 천연자원이 부족한데다 군사우선인 미군정 아래서 왜곡된 경제구조를 강요당해온 오끼나와에 있어 일본복귀를 눈앞에 둔 시점의 석유자원 발견은 풍요로움에 대한 꿈을 가져다주는 복음이었다.

1971년 6월에 오끼나와반환협정을 인정하지 않는 입장을 취해오던 중화민국 외교부가 센까꾸(댜오위다오)제도 영유권을 주장하는 성명을 발표하고, 같은 해 12월에는 중화인민공화국이 그 뒤를 이었다. 일본 외무성은 이에 대응해 1972년 3월에 센까꾸제도는 1895년 1월 14일부로 일본이 무주지선점(無主地先占)[27]이라는 국제법상의 법리에 따라 영유한 '고유의 영토'라는 견해를 발표했다.

1972년 9월의 중일국교회복선언은 이 중일 양국의 입장 차이에 대해서는 언급하고 있지 않다. 1978년 10월에 중일 우호평화조약의 비준서 교환을 위해 일본에 온 덩 샤오핑(鄧小平) 중국 부수상은 일본기자클럽에서 "이러한 문제는 잠시 동안 보류해도 괜찮다. 다음 세대는 우리보다 훨씬 더 지혜로울 것이다"라고 말했다. 그러나 그로부터 십수년 후(1992), 중국은 센까꾸제도(댜오위다오)를 자신들의 영

---

27 국제법상 어느 국가에도 속해 있지 않은 주인 없는 토지를 다른 국가보다 먼저 지배함으로써 자국 영토로 삼는 것을 의미한다.

토로 삼는 '영해법'을 제정하기에 이르렀다. 그리고 오히려 그것이 앞서 언급한 오까모또 유끼오 등이 오끼나와의 군사적 중요성을 강조하는 논거 중의 하나로 된 셈이다.

일본도 자공당정권 시절인 2004년 12월에 내각회의에서 결정된 '방위계획의 대강'에서 '새로운 위협이나 다양한 사태에 대한 대응'으로 열거한 다섯 항목 가운데 '도서부(島嶼部)로의 침략에 대한 대응'을 한 항목으로 설정했다. 칸 정권은 여기서 한발짝 더 나아가, 2010년 12월 내각회의에서 결정된 신방위계획에서 이제까지의 기반적 방위력 구상을 대신해 동적 방위력 구축을 제기하는 동시에 중기방위력정비계획에서 난세이(南西)제도로의 자위대 배치계획을 제출했다.

센까꾸문제에 관해서 일본정부는 일관되게 중국과 일본 사이에는 '영토문제가 존재하지 않는다'라는 입장을 취해왔다. 따라서 대화의 여지는 없다. 그렇게 되면 무력을 통한 해결방법밖에 남지 않는다. 그런 가운데서 사끼시마제도(先島諸島, 미야꼬宮古·이시가끼石垣·요나구니與那國 등을 포함)로의 자위대 배치나 적에게 빼앗긴 외딴섬을 재탈환하기 위한 미일합동훈련 따위의 바보 같은 발상이 나오는 것이다.

센까꾸의 중국어선 충돌사건으로부터 약 1년이 지난 2011년 8월 10일에 에다노 유끼오(枝野幸男) 관방장관은 국회의 참의원 오끼나와 북방특별위원회에서 "우리나라가 유효하게 지배하고 있는 센까꾸제도를 타국이 침략해 온다면 어떠한 희생을 치르더라도 자위권을 행사하여 이것을 배제한다"고 말했으며, 다음날 기자회견에서는 "경제적 손실보다 영토보전이 우선이다"라며 군사우선정책을 거리낌없이 주장했다.

중국영유론의 유래

중국의 주장으로는, 센가꾸(댜오위다오)는 명·청(明淸)시대부터 중국 '고유의 영토'이고 청일전쟁 중에 일본이 영유한 것은 타이완(臺灣) 할양과 마찬가지로 제국주의적 영토탈취의 소산이라고 보는 것 같다. 1895년 1월에는 이미 청일전쟁의 귀추가 드러나 있었다는 점에 비추어 볼 때 이 설은 일리가 있으며, 일본의 '무주지선점'설이 언급하고 싶어하지 않는 점이기도 하다. 그러나 바꾸어 말하면 중국 고래의 영토라는 설의 근거도 애매모호하며, 일부에서는 류우뀨우·오끼나와 자체가 중국의 영토였다는 설까지 여기저기에 보인다. 그러나 영토나 국경 같은 단어가

112

실체를 지니게 되는 것은 근대국가가 성립하고 근대적 국제관계가 확립된 이후의 일이니, 몇백년 전부터 같은 의미를 지니며 존재했던 것은 아니다.

　예를 들어 우리의 오끼나와·류우뀨우도 불과 백수십년 전까지는 일본의 막번체제[28] 안에 자리하면서 동시에 중국(청)과의 책봉관계[29]에 있었다. 역사적 주체로서 오끼나와를 중심으로 볼 경우 오끼나와는 이중 조공국가로서 독자적인 존재였다. 그런 상황에서는 현재와 같은 의미의 영토라거나 국경은 존재하지 않는다. 오끼나와에서 중국에 대해 친근감을 갖는 사람들이 많은 이유는, 전근대적 국제관계에서 동아시아의 중심에 자리한 대국 중국이 주변제국에 조공을 요구하기는 했지만 지배나 경제적 수탈은 하지 않고자 했으며, 오히려 실리적으로는 은혜를 주었다는 역사적 배경이 있기 때문일 것이다. 그러나 그것은 류우뀨우

---

28 일본의 사회체제를 막부〔將軍〕와 번〔大名〕의 봉건적 주종관계를 기점으로 파악하는 역사학적 개념. 전전의 일본에서는 좁은 의미에서 정치체제를 의미했으나, 전후 역사학의 진전과 함께 사회체제 전체의 특징을 가리키는 개념으로 사용된다.

29 칭호·임명서·인장 등을 매개로 '천자'와 인근 여러 나라·여러 민족의 장(長)이 체결하는 명목적인 군신관계(종주국과 조공국 관계)를 형성하는 일종의 외교관계.

가 중국에 속해 있었다거나, 속하고 싶어한다는 것과는 전혀 다른 차원이다.

그와 반대로 근대국가 일본의 형성과정에서 판도 확정을 위해 이루어진 '류우뀨우처분'은 민족통일이나 근대화라는 대의명분을 내세우고는 있었지만, 류우뀨우 주민의 의사를 무시하고 힘으로 밀어붙인 처사였다는 부정적인 의미를 지속적으로 짊어지고 있다. 류우뀨우의 구지배층에게 류우뀨우처분이란 봉건적 신분에 따르는 경제적 특권의 폐지를 의미하는 것이었다. 그들은 청의 지원과 개입을 기대하고 있었으며, 류우뀨우와 책봉관계에 있던 청으로서도 일본의 일방적인 류우뀨우처분은 용인하기 힘든 것이었다.

청의 이의제기에 대해 메이지(明治)정부는 청나라가 구미열강에 제공하고 있는 통상특권을 인정해준다면, 즉 1871년 체결된 청일수호조약에 구미와 같은 수준의 내지 통상권을 인정하는 규정을 추가한다면 미야꼬와 야에야마 등의 사끼시마제도를 청에 할양해도 좋다는 '분도·개약(증약)안(分島·改約(增約)案)'을 제안했다. 이 분도·개약안은 한번 합의되기는 했으나 조인이 보류되었고, 결국 청일전쟁으로 일본이 타이완까지 영유하게 된 탓에 사끼시

114

마제도 문제도 사실상 매듭이 지어져버린 것이다. 그러나 민족통일이라는 대의명분을 내세운 메이지정부가 경제적 이익을 '고유의 영토(그리고 그 인민)'와 맞바꾸는 형태로 팔아넘기고자 했다는 역사적 사실은 사라지지 않는다.

오끼나와·이시가끼의 센까꾸제도

중국과 일본의 '고유의 영토'론은 독자적인 역사적 주체로서의 류우뀨우·오끼나와를 무시 내지는 경시하고 있다. 센까꾸제도(댜오위다오)라고 불리게 된 몇개의 무인도는 명·청시대에는 푸저우(福州)에서 오끼나와로 향하는 책봉사(冊封使)의 항해에서 표지도(標識島)였다. 『책봉류우뀨우사록(冊封琉球史錄)』등 고문서의 기술을 근거로 이 섬들이 중국 고유의 영토라는 주장을 최초로 펼친 일본의 학자는 역사학자 이노우에 키요시(井上淸)였다(『尖閣諸島』現代評論社 1972). 그의 주장은 중국에서 많이 원용된다고 한다. 그러나 그의 이 주장과 그 근거가 되는 고문서의 이해 등에 대해 요사이 많은 비판이 있다. 예를 들어 『책봉류우뀨우사록』 11권의 완역자인 하라다 노부오(原田禹雄)는 다음과 같이 이야기한다.

"푸저우에서 나하항으로의 항해경험이 전혀 없는 책봉

사에게 그 항로와 표지도를 상세하게 가르쳐준 것은 봉주(封舟)에 함께 탄 항해에 습숙(習熟)한 류우뀨우의 간침통사(看針通事)였다. 중국어를 할 수 있었던 류우뀨우의 침로(針路)담당은 봉주의 항로지도자였다. 그리고 이 표지도의 호칭도 중국의 사신이나 선원과 공통어이고 중국풍 섬이름이 사용된 것은 당연하다."(『尖閣諸島冊封琉球史錄を讀む』榕樹書林 2006)

　전근대에 책봉사의 항해용 표지도에 지나지 않았던 무인도와 그 주변해역을 조사, 개발한 것은 폐번치현(廢藩置縣)[30] 후의 오끼나와현이었다. 신천옹(信天翁)의 깃털 채취와 개발허가 신청을 받은 오끼나와현은 여러 차례 이 섬을 조사하고 정부에 국표(國標) 건립을 신청했으나, 분도·개약문제조차 결말짓지 못하고 있던 메이지정부는 청나라의 불필요한 의심을 사서는 안 된다는 생각으로 결정을 연기하고, 1895년 1월 14일에 이르러서야 비로소 내각회의에서 영유를 결정했다. 이러한 지연이 1960년대 말에 벌어진 영

---

30 메이지유신 시기인 1871년 8월 29일 메이지정부가 그때까지의 번(藩)을 폐지하고 지방통치를 중앙관하의 부(府)와 현(縣)으로 일원화한 행정개혁. 이로써 1609년 사쯔마번의 침공을 받은 이래 일본과 중국 양쪽 모두에 속해오던 류우뀨우는 1879년 3월 11일부터 오끼나와현으로 설정되었다.

116

토논쟁에서 하나의 논거가 되었다. 이듬해인 1896년 코가 타쯔시로오(古賀辰四郞)가 우오쯔리시마(魚釣島), 쿠바지마(久場島), 미나미코지마(南小島), 키따코지마(北小島)를 국가로부터 빌려서 우오쯔리시마를 중심으로 깃털 채취와 카쯔오부시(鰹節) 공장을 경영했다. 전성기에는 200명 이상이 생활하는 마을이 형성되었다.

그후 센까꾸제도와 그 주변해역은 오끼나와, 그중에서도 특히 이시가끼지마 사람들의 생활권으로 순조롭게 개발되었다. 1920년 5월에 태풍으로 조난해 '일본제국 오끼나와현 야에야마군 센까꾸열도'로 피난한 푸젠성(福建省) 어민 두 사람을 구조한 일로 '나가사끼(長崎) 주재 중화민국 영사'가 이시가끼지마의 어민과 지방관리에게 감사장을 보낸 적도 있다. 이것은 지금도 이시가끼시 박물관에 우호의 증거물로 보관되어 있다.

코가 타쯔시로오가 죽은 뒤인 1932년 그의 유족은 국가로부터 네 섬을 불하받아 사업을 계속했지만 전시체제가 진행된 1940년에 사업을 단념했다. 이후부터 이곳은 다시 무인도가 되었다. 그후 패전 직전이던 1945년 7월에는 이시가끼지마에서 타이완으로 가던 소개선(疏開船)이 미군의 공격을 받아 센까꾸제도로 도망쳐와서 우오쯔리시마에서 약 50일 동안 굶주림과 싸우면서 생활했고, 180명의 소개민 중 130명이 구사일생으로 구조되기도 했다.

미군정 아래 있던 1969년에 이시가끼시는 이 희생자들을 추모하기 위해 우오쯔리시마에 위령비를 건립했다(단, 멀리 떨어진 곳에서의 위령제 등이 어려웠던 관계로 2002년 이시가끼지마에 새로운 위령비를 세워 그곳에서 해마다 위령제가 열리고 있다). 미군정 아래서도 여러가지 어려운 조건 속에서 이 섬들에 대한 학술조사가 거듭 이루어졌으며, 전쟁 전의 카쯔오부시공장의 부활과 어장 개척이 시도되었다.

오끼나와에서는 거의 대부분의 사람들이 이군쿠바지마(イーグンクバジマ)라는 오끼나와말 이름으로 부르는 센까꾸제도는 오끼나와에 더 한정해보면 이시가끼시에 속한 것으로 여겨지지만, 그것은 역사적으로 축적된 섬들과의 관계에서 비롯한 구체적인 기억이 공유되고 있기 때문이다. 그 오끼나와가 일본에 속해 있으니 센까꾸제도도 일본에 속해 있는 것일 뿐이며, 이는 중국과 일본이 말하는 '고유의 영토'론과는 비슷하면서도 다른 것이다.

지역주민의 생활권이라는 점에 대해 이야기하자면 타이완 어민들에 대해서도 언급해야 한다. 2011년 12월 1일

타이완 지룽시(基隆市) 허핑다오(和平島, 서랴오다오社寮島)에 '류우뀨우 우민쭈(ウミンチュ, 오끼나와말로 '어부')의 상'이 건립되었다. 한창 시절에 이곳에는 600명 가까운 오끼나와 어민이 살았으며 지역민에게 어업과 조선(造船)기술을 가르쳤다고 한다. 반대로, 이시가끼지마에 파인애플과 물소를 들여온 것은 타이완에서 온 농업이민들이었다. 국경이 설치되어 있지 않던 시대에 이 지역은 공동생활권을 형성하고 있었다. 그러나 1945년 이후 타이완이 중화민국의 통치 아래 들어가고 오끼나와가 미군정 아래에 놓이자, 센까꾸 주변해역도 공동·협력의 장에서 경쟁·적대의 장으로 바뀌지 않을 수 없었다. 다만 1970년대까지는 이 해역에서 중국어선의 모습을 볼 일은 없었다고 한다.

'국가'에서의 '영토'

중국(중화인민공화국)은 미군정 아래 있던 당시 오끼나와 민중의 저항투쟁과, 일본복귀를 통해 군정으로부터의 이탈·해방의 길을 성취하고자 하는 운동에 대해 반미애국투쟁으로 높이 평가했다. 예를 들어 1953년 1월 8일자 『런민르바오(人民日報)』는 「미국의 점령에 반대하는 류우뀨우 군도 인민의 투쟁」이라는 기사를 게재하고 그 기사에서 류

우뀨우의 범위를 "우리나라인 대만의 동북 및 일본 큐우슈우섬 서남 사이의 바다에 산재하며, 센까꾸제도, 사끼시마제도, 다이또오(大東)제도, 오끼나와제도, 오오시마(大島)제도, 토까라(トカラ)제도, 오오스미(大隈)제도 등 7개 도서로 이루어졌다"고 소개하고 있다. 또한, 베이징시 지도출판사에서 1958년과 1968년에 발행한 『중국전도(中國全圖)』에 센까꾸제도는 중국영토 밖에 기재되어 있었다고 한다.

한가지 덧붙여두자면 오끼나와의 섬들을 군정 아래 두고 있던 1956년 4월부터 미군은 센까꾸제도 중 두 섬을 사격·폭격장(射爆場)으로 사용하고 있었다. 만약 중국이 센까꾸제도를 중국 고유의 영토라고 인식하고 있었다면 미제국주의가 중국 고유의 영토를 군정 아래 두고 그곳을 사격·폭격장으로 사용하는 것에 대해 항의성명 하나 발표하지 않았다는 것은 불가사의한 이야기다. 중국 또한 1970년 전후의 시기, 즉 앞서 이야기한 ECAFE의 조사보고가 석유자원 매장가능성을 지적하거나 오끼나와 반환이 정치적 스케줄에 나타나기 이전 시기까지는 이곳을 중국영토로 인식하지 않았던 것이라 말할 수 있다.

오끼나와(의 시정권) 반환 이후에도 이 두 섬은 미일

안보조약에 부속된 미일지위협정에 따라 미 해군의 공대지(空對地) 사격·폭격장으로 미국에 제공되고 있다(다만 1979년 이후 훈련은 실시하지 않고 있다. 아마도 미중국교 회복에 따른 정치적 대응일 것이다). 따라서 '일본의 시정 아래 있는 지역'으로서 안보조약의 적용지역인 것은 당연하다.

두 섬이란 쿠바지마(중국명 황웨이위黃尾嶼)와 타이쇼오지마(大正島, 중국명 츠웨이위赤尾嶼)이다. 쿠바지마는 코가 타쯔시로오의 유족에게서 양도받은 현 소유자의 것을 방위성이 빌려서 미군에 제공하고 있다.

일본정부는 자공당정권과 민주당정권 모두 미국이 센까꾸제도를 안보적용지역으로 인정했다며 기뻐하지만, 미국은 안보적용지역과 영유권문제는 엄밀하게 구분하고 있으며, 영유권에 대해서는 중립적인 입장을 취하고 있다. 영유권문제는 미국이 시정권을 장악하기 이전에 기인한다는 입장이기 때문이다. 그러나 그 본심은 이미 이야기한 바와 같이 중국과 일본 사이에 분쟁의 씨앗이 존재하는 것이 일본의 대미의존도(대미종속도)를 강화한다는 점에 있다.

'국가'에 있어서 '영토'라는 것은 그런 것으로 존재한다. 따라서 그것은 결코 그 지역에 사는, 혹은 그곳을 생활권으로 삼는 주민의 이익에 들어맞는다고는 말할 수 없다. 근대적 국제관계를 규정하는 국경이나 영토도 국가의 역학관계나 국제법 이상으로, 그곳에 사는 주민의 자기결정권 내지 인근주민의 생활권으로서 어떤 의미를 가져왔는가를 존중해서 결정해야 하는 시기에 다다른 것이 아닐까.

영토문제 해결을 향한 길

일본은 지금 세가지 영토문제를 안고 있다.

첫째는 중국과의 사이에서의 센까꾸제도(댜오위다오제도)를 둘러싼 문제다.

둘째는 한국과의 사이에서의 타께시마(竹島, 독도獨島) 문제다. 일본은 시마네현(島根縣)에 타께시마를 편입한다는 1905년의 내각회의 결정을 근거로 삼고 있지만, 이 시기 일본은 이미 한국병합을 향한 정책을 전개하기 시작하고 있었다는 점을 생각할 때, 그것만으로는 설득력이 없다.

셋째는 러시아와의 사이에서의 에또로후(擇捉), 쿠나시리(國後), 시꼬딴(色丹), 하보마이(齒舞)제도를 둘러싼 문제다. 일본은 1855년 체결된 러일화친조약에 의해 우루프(Urup, 得撫)와 에또로후 사이에 러일 간 국경선이 그어진 것을 근거로 이곳을 일본 고유의 영토라고 한다. 러시아는

1945년 2월 영국·미국·소련의 얄타비밀협정에 따라 대일전쟁참가 조건으로 쿠릴열도(치시마열도)를 소련으로 인도하는 것이 확정되었다고 말한다. 소련(러시아)은 시꼬딴과 하보마이를 치시마열도의 일부로 여기고 있었다.

1951년 쌘프란시스코강화회의 자리에서 일본의 전권위원이던 요시다 시게루(吉田茂) 수상은 홋까이도오(北海道)의 속도(屬島)인 하보마이와 시꼬딴이 소련의 점령 아래 놓인 것의 부당성을 호소했지만 쿠나시리, 에또로후 등 남 치시마의 두 섬에 대해서는 언급하지 않았다. 1955, 56년의 러일교섭에서는 소련이 하보마이와 시꼬딴 두 섬을 일본에 인도하는 조건으로 러일평화조약이 체결 직전까지 이르렀으나, 요시다 시게루 등 친미파의 반대와 오끼나와를 관련시킨 미국의 개입으로 국교만 회복되고 평화조약은 체결되지 못한 채이다. 그후 네 섬을 한묶음으로 한 '북방영토'라는 조어를 사용하게 되었다.

그렇다면, 이러한 영토문제들을 평화롭게 해결해나갈 현실적인 방법은 무엇인가. 우선은 현재의 실효지배를 전제로 한 상태에서 추상적·관념적인 '고유의 영토론'을 보류하고, 이 지역들을 역사적·문화적·경제적 생활권으로 삼아온 사람들의 이야기의 장(場)을 통해서 문제의 역사적 배경과 장래의 바람직한 모습을 검토하고 공존권 구축을 위해 노력하는 방법 외에는 없을 것이다. 그 이야기의 장에는 국가의 대표자뿐만 아니라, 예를 들어 센까꾸제도에 대해서 이야기한다면 오끼나와와 타이완의 역사가와 어업관계자의 참가가 반드시 필요하다. 북방의 네 섬에 대해서는 러시아계 현(現)도민, 일본계 구(舊)도민, 선주(先住)민족으로서 아이누의 참가가 필요하다.

정부가 2월 7일(1855년 러일화친조약 체결일)을 '북방영토의 날'로 정한 다음해인 1982년에 홋까이도오 우따리협회(ウタリ協會, 현재 아이누협회)는 총회에서 아이누의 선주권을 무시한 채 북방영토반환운동 등이 진행되는 데 대해 유감으로 여기면서 '선주민족으로서의 아이누의 권리는 유보(留保)한다'고 결의하고 있다. 이 결의가 요구하는 문제해결의 방향은 아직까지도 명료하지 않은 부분이 있지만, 아이누는 자신이 살고 있는 아이누모시리(アイヌモシリ, '아이누의 조용한 대지')를 러시아나 일본 어느 쪽에도 팔거나 빌려주거나 양도한 기억은 없다고 말한다. 그럼에도 불구하고 아이누민족은 러시아와 일본이라는 두 국가가 이 지역에서 국경선을 다시 그을 때마다 강제이주 등의 비참한 운명을 따라야만 했다. 아이누와 일본계 구도민과 러시아계

현도민의 공존공생의 장을 만드는 것이 부당한 역사적 차별을 극복하는 길이 아닐까.

2. 국경지역은 변경인가 평화창조의 장인가

타이완에 가까운 요나구니

요나구니지마(與那國島)는 일본의 가장 서쪽 끝에 있는 '변경'의 섬이다. 오끼나와섬에서 520km, 이시가끼지마에서 117km 거리에 있으며, 섬의 둘레는 28km이고 인구는 약 1,600명으로, 인구감소로 고민하고 있다기보다는 두려움에 떨고 있는 섬이다. 그 두려움을 이용해 정부는 이 섬에 육상자위대를 배치하는 계획을 구체적으로 추진해나가고 있다. 하지만 이 섬은 1940년대 후반만 해도 1만 2천명 내지 1만 7천명의 사람들로 번성하던 곳이다.

1945년 8월 일본의 패전으로 오끼나와는 미군지배 아래 놓이게 되었고, 일본의 식민지였던 타이완이 1945년 10월에 장 제스(蔣介石) 정권의 지배 아래 들어가면서 타이완과 요나구니 사이에는 국경선이 그어졌다. 그러나 패전 당초에는 국경관리도 느슨했기 때문에 국경을 넘어 사람들이 자유롭게 왕래할 수 있었다. 사람과 물건이 자유롭게 왕래하던 시기에는 타이완으로부터 불과 110km 거리에 있는 요나구니지마는 고도(孤島)도 변경도 아니었다. 요나구니는 밀무역(즉 국가의 규제를 받지 않는 무역)의 거점이 되었다. 요나구니에는 오끼나와·일본·타이완·홍콩 등의 암상인(즉 국가의 규제를 받지 않는 상인)들이 모여들어 노점과 포장마차 들이 줄지어 서고 요정도 번성했다.

이러한 상황을 완전히 바꾸어놓은 것은 동아시아 국제정세의 변화이다. 1950년 6월 한국전쟁 발발을 계기로 오끼나와를 점령한 미군은 국경관리를 엄격하게 했다. 오끼나와 미군기지로부터 유출되는 군수물자가 중국대륙으로 넘어가는 것을 저지하기 위해서였다고 한다. 하지만 변경으로 자리매김된 국경의 섬이 자립적인 존속을 유지하기 위해서는 국경을 넘어선 생활권의 확산이 필요하다는 역사적 기억을 섬사람들은 공유해왔다.

요나구니의 '자립비전'

1982년, 요나구니정(町)은 바다 건너편의 화렌(花蓮)시와 자매도시협정을 체결했다. 1992년부터는 매년 요나구니의 아동·학생 20명 정도를 화렌시로 보내는 홈스테이사업을 실시하고 있다. 2005년에 요나구니정 의회는 '요나구니 자립을 위한 비전'(이것은 요나구니정 홈페이지www.town.yonaguni.okinawa.jp에서 볼 수 있다)을 채택하고 요나구니 '자치·자립선언'을 했다. 요나구니 '자치·자립선언'은 우선 다음과 같이 말한다.

"우리는 섬의 부흥과 지역 만들기의 주체가 한 사람 한 사람의 마을〔町〕주민인 것을 확인하고, 21세기의 요나구니가 '자립'과 '자치'의 섬으로 더욱 발전할 수 있도록 이곳에 지역의 총력을 결집하는 새로운 지침을 밝힌다."

실은 요나구니정도 코이즈미 정권의 삼위일체개혁으로 인해 교부세를 대폭 삭감당해 헤이세이(平成)의 시·정·촌 대합병[31] 흐름에 합류할 것을 강요받아왔지만, 2004년에 중학생 이상에게 유권자 자격을 부여한 주민투표를 실시해 주민다수의 이에 대한 반대를 통해 자립의 길을 선택했

---

31 일본에서는 1899년의 시제(市制)·정촌제 시행 이후 전체적으로 시정촌의 수가 일관되게 감소하는 경향이 있으며, 시정촌이 합병되는 경우가 분할·분립에 비해 압도적으로 많다. '헤이세이 대합병'은 1999년 지방분할일괄법에 의해 병합특례법이 개정됨에 따라 1999년부터 2006년까지의 기간 동안 시정촌의 수가 3,234개에서 1,821개로 감소한 대규모 움직임을 말한다. 헤이세이는 1989년부터 현재까지 쓰고 있는 일본의 연호다.

던 것이다. 그리고 그들의 '자립·자치선언'은 다음과 같이 말한다.

"우리는 이미 깊은 우호관계를 구축한 타이완의 화렌시를 비롯해 이웃한 동아시아지역과의 한층 더 깊은 우호·교류관계를 추진함과 함께 상호발전의 길을 구축하고, 국제사회의 모범이 될 지역간 교류특별구의 실현을 향해 노력할 것을 맹세한다." 이어서 이렇게도 말하고 있다.

"우리는 동아시아의 평화유지와 국토·해역의 평화적 보전 등에서 요나구니가 수행해온 역할에 대한 정당한 평가 아래, 일본국민으로서의 평온한 생활을 실현하면서 평화로운 국경과 이웃나라들과의 우호관계에 기여하는 '국경의 섬지기〔島守〕'로 살아갈 것을 맹세한다."

'요나구니 자립을 위한 비전'의 기둥 중 하나는 '국경교류특구 구상'을 중심으로 '교육특구'나 '환경특구'를 조성해 '요나구니특구 구상'을 전개하는 데 있다. 그러나 정부는 요나구니정의 특구신청에 대해 '적용불가'라고 회답한다.

호까마 슈끼찌(外間守吉) 정장(町長)은 "'자립비전'의 중심인 국경교류 구상이 좌절한 요인"이 무엇인가라는 물음에 대해 "장애가 되는 것은 외무성이다. 여러 각도에서 간

128

섭해왔다. (자매자치체인) 타이완 화롄시에 요나구니정의 연락사무소를 설치하는 것에 대해서도 외무성으로부터 항의가 왔다"라며 괘씸하다는 투로 답변하고 있다(『오끼나와타임즈』 2011. 9. 18). (요나구니 주재 화롄시 연락사무소는 2007년 4월 개설되었다.)

이런 가운데 2007년 6월 요나구니지마의 소나이항(祖內港)에 미 해군 소해함(掃海艦) 2척이 입항했다. 복귀(오끼나와 반환) 이후 최초로, 요나구니정장과 오끼나와 현지사의 반대를 무릅쓰고 강행한 일이었다. 게다가 소나이항은 외국선의 입항이 이루어지는 '개항'이 아니기 때문에 요나구니정이 국경이도형(國境離島型) 개항신청을 했을 때[32] 기각된 항구였다. 정부는 요나구니정의 신청을 기각한 것에 대해 "(외국선이 입항하는 경우 검역을 하는 '검역항' 이외의 항구에서는) 선의(船醫)가 동승하지 않은 선박의

---

32 '개항'은 관세법 제2조에서 화물의 수출입 및 외국무역선의 입·출항이 허가된 항구를 가리킨다. 개항은 개항한 이후 연간 수출입량이 5천만엔 이하이고 외국무역선의 입·출항 선박수가 11척 이하인 상태가 2년간 지속되거나, 화물의 수출입 또는 외국무역선의 입·출항이 없을 경우 폐지된다. 여기서 말하는 '국경이도형'이란 국경 지역의 요나구니정이 '개항'조건을 완화해줄 것을 정부에 요청했던 것(2005년 6월 '국경교류특구' 신청, 같은 해 10월 정부측 기각)을 의미한다.

입항을 인정하는 요건 완화는 곤란” “외국무역선이 불개항(개항이 아닌 항구)에 입항할 때에는 세관장의 허가가 필요하며, 입항을 촉진하기 위해 이것을 일률적으로 완화하는 것은 곤란하다”는 견해를 제시했다.

세관법이나 검역법 규정을 완화하기 곤란하다면 이시가끼항에 상주하는 세관직원이나 검역관을 그때마다 파견하거나 소규모 상주사무소를 설치하면 충분할 터임에도, 정부는 오히려 '국경의 섬' 주민들이 자치·자립을 위해 필사적인 노력을 하고 있을 때 그 노력에 등을 돌리고 이 섬의 측후소(測候所)나 법무국 등의 국가기관을 잇따라 폐지하려 했다.

그러면서도 미 해군 소해함이 입항하는 것에 대해서는 미일지위협정 제5조에 따라 “요나구니지마를 포함한 전국 항구의 출입이 인정되어 있다”고 말하고, 나아가 “미군의 원활하고 효과적인 활동을 확보하고, 미일 간 상호협력·안전보장조약의 목적달성을 위해 지극히 중요”하다고 이야기한다. 섬의 주민이 엎드리면 코 닿는 거리에 있는 타이완과 교류하거나 싼값의 생활필수품을 입수하는 것에 대해서는 다양한 규제를 행하면서, 미군이 유사시에 대비한 항만조사를 하거나 군대가 '우호친선과 휴양'을 위해

상륙하는 것은 적극적으로 장려하는 것이다.

미군 소해함 2척은 2009년 4월에, 오끼나와 반환 이후 최초로 이시가끼항에도 입항했다. 이에 강하게 반대했던 당시의 이시가끼시 오오하마 나가떼루(大浜長照) 시장에게 나까소네 히로후미(中曾根弘文) 외상은 "미군 함선의 일본 기항은 항만관리자의 권능을 벗어난다"고 견제했다. 나아가 이듬해인 2010년 9월, 미야꼬시의 히라라(平良)항에도 복귀 후 최초로 미군 소해함이 입항했다.

요나구니와 이시가끼에 상륙하는 미군병사들의 선두에 서서 반대파 주민을 "멍청한 놈"이라고 말한 사람은, 후에 "오끼나와는 갈취의 명수"라는 폭언을 내뱉어 미 국무성 일본부장의 직책에서 경질당한 케빈 메어(Kevin K. Maher) 미 총영사다. 위키리크스가 공개한바 오끼나와 주재 미 총영사관에서 발신한 극비공전(公電 2007. 6. 27)에 의하면, 메어는 "요나구니는 타이완해협에서 유사시에 소해(掃海)작전의 거점이 될 수 있다"며 소나이항에 대한 이용 검토를 본국정부에 촉구하고 있다.

열리는 국경, 닫히는 국경

사끼시마를 군사적으로 이용하고자 노리는 것은 미군

만이 아니다. 2008년 9월에는 '요나구니 방위협회'라는 이름을 내건 단체가 마을 주민 514명의 서명을 모아서 정의회와 정장에게 자위대를 유치하도록 요청했다. 정의회는 찬성이 다수(3 대 2, 의장 포함 총 의원 6명)로 유치를 결의했고 정장도 유치하는 쪽으로 방침을 정했다.

사끼시마 지역에서는 미야꼬시에 합병되기 전의 이라부(伊良部)정에서도 2005년 3월 이라부 정의회가 9 대 8의 찬성 다수로 자위대 유치를 결의하는 소동이 있었다. 이라부정의 경우에는 주민의 맹렬한 반대를 받아, 의회와 주민 사이의 대화집회(對話集會) 등을 거쳐서 다시금 의회결의가 이루어져 16 대 1로 유치철회 결의가 가결되었다. 이러한 움직임의 배후에는 자위대 관계자 등의 물밑작업이 있었다.

덧붙이자면, 2007년 6월 참의원선거 지원을 위해 미야꼬시를 방문한 큐우마 후미오(久間章生) 방위상은 지역의 동의를 얻을 수 있다면 시모지지마(下地島)공항을 사용하고 싶다고 말하면서 기자회견에서 다음과 같이 강조했다. "중국에 있어 미야꼬·이시가끼·요나구니는 센까꾸제도와 같은 것으로, 본래는 타이완에 부속된 중국의 것이었다는 논리가 뿌리에 있다. 우리는 경계심이 있지만, 지역사람들은 그렇지 않다. 사끼시마는 그래도 괜찮은가. 일이 벌어졌을 때는 어떻게 될지 모른다. 그것이 두렵다."(『류우뀨우신보』 2007. 6. 25) 그들은 일본정부가 사끼시마제도를 중국에 팔 아넘기려 했던 역사적 사실에 대해서는 아무것도 모르면서 도발적인 언사를 하고 있는 것이다.

이야기를 요나구니로 돌리면, 호까마 정장은 자위대 유치는 인구감소에 제동을 걸기 위한 것이며 국경교류특구 구상과 모순되는 것이 아니라고 강조한다. 2008년도의 요나구니 인구는 1,600명에 미치지 못했다. 그러나 방위성은 앞선 큐우마 방위상의 발언에서도 보듯이 중국위협론에 입각해 자위대 배치의 기회를 노리고 있었다. 정장의 유치 요청을 마침 운좋게 나타난 기회로 여긴 하마다 야스까즈 (浜田靖一) 방위상은 2009년 7월 요나구니를 시찰했다. 정권교체로 흐름이 바뀔 것이 예상되기도 했으나, 2010년 3월에는 키따자와 방위상이 요나구니를 시찰방문했고 12월의 중기방위력정비계획에서는 '난세이제도의 도서부에 육상자위대의 연안감시부대를 신설하여 설치한다'고 명시하는 등, 5년 이내에 요나구니에 배치할 것을 계획하고 있다.

방위성이 중국에 대한 군사적 대항노선에 입각해 사끼

시마지역을 '방위상의 공백지대'로 자리매김하고 육상자위대 배치를 강행하려는 것은 정원이 계속 감소하고 있는 육상자위대의 생존책이기도 하다.

이러한 움직임에 대해, 자위대 배치는 이 지역의 군사적 긴장을 고조해 국경교류 구상에 부정적이라고 생각하는 사람들이 찬성파를 웃도는 556명의 반대서명을 모으는 등, 요나구니는 자위대 배치를 놓고서 반반으로 갈라져 있다. 자위대 배치로 인해 안으로는 지역사회의 분열을 초래하고 밖으로는 군사적 긴장감을 고조하는 것이 과연 '국토·해역의 평화적 보전'에 공헌하는 것일까.

이런 상황에서도 국경교류의 움직임은 지속되었다. 2009년 4월에 이시가끼시장, 타께또미(竹富)정장, 요나구니정장의 세 수장이 타이완 동부를 방문해 "화롄시와 요나구니정 및 쑤아오진(蘇澳鎭)과 이시가끼시의 자매도시관계를 발전시켜서 '타이완 동부(화롄·이란宜蘭·타이둥臺東)와 야에야마제도(이시가끼시·타께또미정·요나구니정) 관광경제권' 형성을 추진하기로 합의"하고, '국교교류추진선언'을 만들었다. 이시가끼시도 그에 앞서 추진한 요나구니정을 따라서 이란현의 쑤아오진과 자매도시가 되었는데, 교류권을 야에야마제도 전역과 타이완 동부 3현으로 확대하고자 하는 것이다.

그러나 2010년 2월의 이시가끼시 시장선거 시기부터 이 지역의 사정은 크게 바뀌게 된다. 이 선거에서 현직이던 혁신계열의 오오하마 시장이 패배하고, 야에야마 청년회의소 이사장을 역임한 전 시의원 나까야마 요시따까(中山義隆) 시장이 등장했다. 현직이던 오오하마 시장이 패배한 이유로는 4기 16년에 걸친 장기시정에 주민들이 물렸다거나 성희롱과 연관된 흑색선전에 유효하게 대처하지 못한 점 등을 생각할 수 있다.

그뒤 9월의 시의원선거 결과 시장은 소수여당에서 안정적인 다수여당이 되었다. 이 시의원선거 투표일(9. 12)은 센까꾸 충돌사건(9. 7)으로부터 5일 뒤였다. 당연히 어느정도 영향이 있었을 것이다. 그 여파로 12월에는 보수당 계열 의원의 의원제안으로 '센까꾸 개척의 날'이 제정되어 다음해인 2011년 1월 14일에 처음으로 기념식을 개최했으며, '일어서라 일본(立ち上がれ日本)'[33] 대표인 히라누마 타

---

33 자민당을 탈당한 히라누마 타께오와 요사노 카오루(與謝野馨) 등이 민주당·사회민주당·국민신당 연립정권에 비판적인 보수층을 결집해 2010년 5월 10일에 결성한 당. 타도 민주당·일본부활·정권재편을 지향한다. 2012년 이시하라 신따로오(石原愼太郎)의 참가로 '태양당'으로 당명을 변경하고 같은 해 11월 17일 일본유신회와 합당했다.

께오(平沼赳夫) 의원 등이 참가했다. '센까꾸 개척의 날'은 1895년 1월 14일의 내각회의 결정에서 기원한 기념일로, 시마네현 현의회의 '타께시마의 날' 제정의 선례를 따르는 모양새이기도 했다.

하지만 이미 이야기했듯이 지역주민의 센까꾸제도와 그 해역의 개척은 내각회의 결정보다도 10년 이상 앞선 일이므로, 국가의 의사가 확정된 날을 '개척의 날'로 정하는 것은 지역주민의 생활권이라는 관점에서 본다면 그들 자신의 '개척의 역사'를 부정하는 것이었다.

야에야마의 교과서문제

의회에서 시장파가 안정적 다수가 된 것이 큰 의미를 갖는 것임을 보여주는 예는 2010년 9월의 시의원선거가 있기 전에 이미 한번 부결되었던 타마쯔 히로까쯔(玉津博克) 야에야마 고등학교 교장에 대한 교육위원(교육장) 인사가 부활한 사건이다.

타마쯔 교육장은 이시가끼시·타께또미정·요나구니정에서 2012년도 이후 사용할 중학교 교과서를 선별하는 자문기관 '채택지구협의회'의 개편을 주도했다. 상당히 막무가내로 밀어붙이는 수법을 동원해 채택지구협의회 위원의 구성과 인원수를 바꾸고, 전문지식이 있는 조사원(교원)의 추천이 없어도 선정대상으로 삼을 수 있게끔 만들었다.

그리고 2011년 8월 채택지구협의회는 중학교 사회과목인 '공민(公民)'[34]에 '새로운 역사교과서를 만드는 모임(新しい歷史教科書をつくる會)'[35] 계열 출판사인 이꾸호오사(育鵬社)를 선정하는 것으로 답했다. 이시가끼시 교육위원회와 요나구니정 교육위원회는 이꾸호오사에서 출판한 교과서를 채택했으나, 타께또미정 교육위원회는 토오꾜오쇼세끼(東京書籍)에서 출판한 교과서를 선택했다. 교과서무상조치법은 동일 지구에서는 같은 교과서를 사용하도록 정하고 있기 때문에 오끼나와현 교육위원회는 재협의를 요청했다. 이를 받아서 9월 8일에 세 시·정의 전교육위원회

---

34 일본 중학교 과정에서 일본사회의 구조 등에 대해 학습하는 교과로, 대개 중학교 3학년이 되어 배운다. 크게 세 분야(현대사회, 윤리, 정치·경제)로 나뉘어 있으며 각각의 분야는 고등학교 교과과정의 기초를 이룬다.

35 일본의 우파적 역사해석을 주도하는 모임. 이들이 2001년 후소오사(扶桑社)에서 발간한 『개정판 새로운 역사교과서』는 일제의 만행을 축소하고 일본민족의 우월성을 강조하면서 독도와 센까꾸제도, 치시마열도 남쪽의 영유권을 강조해 한국과 중국 등의 거센 반발을 샀다. 2005년 4월 이들이 주도해 만든 중학교 역사교과서가 검정을 통과하자 한국과 중국 정부는 역사 왜곡이라고 강력히 비판했다.

가 회의를 하여 다수결로 토오꾜오쇼세끼에서 출판한 교과서를 채택할 것을 결정했다.

현교육위원회는 이 전체 회의의 결정을 유효한 것으로 인정했지만, 이시가끼시와 요나구니정의 교육장은 이것은 무효라고 문부과학성에 고소했다. 이에 대해 이시가끼·타께또미·요나구니의 세 교육위원장은 '두 사람이 제출한 문서는 해당 교육위원회의 심의를 거치지 않은 것이며 공문서로서의 기능을 지니지 못한다'는 문서를 국가와 현에 보내는 등 혼란이 이어졌다.

이러한 움직임의 배경에는 요시이에 히로유끼(義家弘介) 참의원 의원 등 자민당 문부과학부회와 교과서의련(教科書議連, 일본의 전도前途와 역사교육을 생각하는 의원의 모임)의 후원이 있었다. 타마쯔 교육장은 요시이에 의원의 협력이 있었다는 것을 시의회도 인정하고 있으며, 또한 자민당의 문부과학부회와 교과서의련의 합동부회에 초청받아 상경하기도 했다. 자민당 문부과학부회는 문부과학성에도 압력을 넣었다. 최종적으로 문부과학성은 타께또미정만을 교과서무상조치 대상에서 제외했다.

국경을 넘는 민중의 교류와 상호이해를 심화하는 발신을

교과서 채택문제와 자위대 배치문제에서 드러나는 것
은 무엇인가. 그것은 오끼나와 전체 혹은 일본 전체와 공
통된 측면을 지니는 움직임이기도 하다. 하지만 사끼시마
만의 독자적인 성격도——이 또한 섬이나 지역에 따라 미
묘한 차이를 지니고는 있으나——띠고 있다. 근대사로 한정
해볼 경우에도 사끼시마 지역은 분도·개약문제 이래 중앙
혹은 국가로부터 소외, 이용당했던 지역이다. 소외되고 이
용당한 역사를 극복하고 독자적인 역사적 주체로서 스스
로의 미래상을 추구하려는 노력도 지속되고 있다. 국경을
넘어 민중 상호의 교류와 공존 속에 사회적 발전을 지향하
고자 하는 노력은 그 발로이다. 하지만 소외감을 중앙 또
는 국가와 일체화되는 것을 통해 메우려는 움직임 또한 항
상 고개를 든다. 양자는 한 개인의 내부에도 공존하며, 경
우에 따라서는 내부에서 충돌한다. 후자는 안이한 선택지
이다. 그리고 그것은 과거 '언젠가 왔던 길'[36]이기도 하다.

---

36 '언젠가 왔던 길'은 일본에서 유명한 키따하라 하꾸슈우(北原白秋)가
　만든 노래 가사에서 온 표현이다. 역사에서 배우지 않고 같은 잘못을
　되풀이할 때 사용된다. 예컨대 자위대문제나 전쟁·전후책임론, 오끼
　나와문제 등에 대해 논의할 때 '언젠가 왔던 길'론이 제기되곤 한다.

사끼시마 지역은 지상전이 벌어지지 않았을 뿐 함포사격과 공습으로 큰 피해를 입었다. 그보다 더 큰 피해는 말라리아지대로 강제소개되면서 발생했던 희생이다. 이러한 역사적 체험에 기초해 어떤 선택을 할 것인가의 문제가 사끼시마, 그리고 오끼나와에 닥쳐오고 있다.

변경에서는 국가권력의 이해(利害)가 날카롭게 대립하기 십상이다. 그런 만큼 생활 속의 실감과 유리된 관념적 논의를 일삼는 국가주의자들의 도발적인 언설이 이용하기 쉬운 장소이기도 하다. 그러나 그것이 그 지역주민의 이익을 크게 손상하는 경우도 적지 않다. 그와 반대로 국경을 넘어선 민중의 교류가 지역주민의 실익과 직결되는 경우도 많다. 오끼나와는 역사적 배경도 있어서 일본이라는 국가 안에서도 가장 중국에 대한 친근감이 강한 지역일 뿐 아니라, 타이완과도 공통의 이해관계를 지니며, 한국의 민중운동과도 강한 유대를 갖고 있다. 이러한 역사적·지리적 독자성을 살려가면서 탈국가적인 관점에서 평화를 위한 발신을 이어가는 역할이 오끼나와에 요구되고 있다.

3. 동일본대지진을 어떻게 파악할 것인가

'허위의 평화'와 '허위의 풍요로움'

3·11동일본대지진, 특히 후꾸시마(福島)의 원자력발전소 사고는 일본 한 나라를 넘어서는 충격을 세계 전체에 확산했다. 우선 첫번째로 맞닥뜨린 물음은 원자력발전이 가져다주는 풍요로움이란 무엇인가라는 것이다. 대개의 원자력발전소는 '안전신화'를 전제로 삼으면서도 인구밀도가 낮고 경제적 개발이 어려운 이른바 벽지(僻地)에, 소위 전원3법(電源三法)[37]을 통해 해당지역을 통째로 매수하는 형태로 세워져왔다.

동일본대지진은 '안전신화'를 깨부수면서 또 하나의 구조적 차별을 부각했다. 일본(국민)은 오끼나와에 주일미군기지의 압도적 다수를 떠맡기고 '허위의 평화'를 향수했을 뿐만 아니라, 토오호꾸(東北)지역의 벽지에 위험한 원자력발전소를 떠맡기고 거기서 얻는 전력으로 '허위의

---

[37] '전원개발촉진세법' '특별회계에 관한 법률' '발전용시설 주변지역 정비법' 등 세 법의 총칭. 이 세 법의 주된 목적은 전원개발이 이루어지는 지역에 보조금을 교부하여, 이를 통해 전원개발(발전소 건설 등)을 촉진하고 운용을 원활하게 하고자 하는 것이다.

풍요로움'을 향유하고 있었던 것이다.

'안전신화'를 강조하던 단계에도 방사성폐기물의 처리기술은 확립되지 않았으며 사용 완료한 핵연료폐기물은 계속해서 증가했다. 후꾸시마 제1원자력발전소 사고로 인한 방사능 피해의 확대를 보면서 독일과 이딸리아는 원자력발전에 의존하던 데서 벗어나는 방향을 선택했다. 그럼에도 불구하고 일본은 지진 후에도 미국과 일본이 공동으로 사용을 완료한 핵연료의 최종처리장을 몽골에 떠맡기려고 획책하거나 원자력발전 수출정책을 지속하고 있다.

이래도 되는 것일까. 동일본대지진은 일본인의 생활양식, 살아가는 방식과 함께 일본이라는 국가의 존재방식에 대해 되묻고 있다. 경제성장 우선, 효율 우선의 사회를 재검토할 것을 요구받고 있는 것이다.

대지진을 국제긴장 완화의 전환점으로

두번째로, 동일본대지진은 동아시아의 국제관계를 개선하기 위한 절호의 기회였다는 점을 주목하고 싶다. 그러나 이 기회는 활용되지 못한 채 미일동맹의 필요성을 입증하는 수단으로 이용되고 말았다.

예를 들어 센까꾸제도(댜오위다오)가 중국영토라고 주

장하는 중국대륙·홍콩·타이완 사람들의 네트워크인 '세계화인보조연맹(世界華人保釣連盟)'은 2011년 6월 그들의 운동이 40주년을 맞이한 것을 기념해 대형선박으로 센까꾸제도로 접근, 상륙하는 캠페인을 실시할 예정이었다. 그런 가운데 동일본대지진이 일어났다. 그러자 그들은 그 계획을 중지했다. 이것이 의미하는 바는 작지 않다. 그들이 일본의 적대세력이었다면 일본의 약점을 찌르는 것이 당연했을 것이다. 그러나 그들은 일본이 혼란한 상황에 직면한 때에 일격을 가하려 하지 않았다. 그 정치적 의미를 적확하게 파악할 필요가 있다.

또한 조선민주주의인민공화국(북한)이 동일본대지진 의연금으로 일본적십자사에 10만 달러를 보내온 것은 거의 보도조차 되지 않았다. 한신·아와지(阪神·淡路)대지진 때에 북한이 보낸 의연금이 20만 달러였다니 그 액수는 그 사이의 북한의 경제적 곤궁함의 정도를 나타내는 것인지도 모른다. 그러나 어찌 됐든 이것을 관계개선의 의사표시로 파악하고 언론이나 정부가 감사하다는 의사를 표명하면 어떨까. 그것은 납치문제에 이상할 정도로 흥분하는 일본의 국민감정을 냉정하게 만들고 일본과 북한의 국교정상화를 향한 관계개선의 계기가 될 수도 있지 않을까. 그런 관계개선의 과정 속에서 납치문제도 해결의 길이 보이는 것이 아닐까. 우리는 모든 기회를 포착해 국제적 긴장완화의 실마리를 찾아나가야 할 것이다.

한가지 덧붙여둘 것은 중국의 구조대 파견 신청이 들어온 것이다. 2011년 4월 2일자 『아사히신문』에 의하면, 쓰촨(四川)대지진이 일어났을 때 일본구조대를 다른 나라들의 구조대보다 먼저 받아들였던 중국은 동일본대지진이 일어난 날 '두세 시간 이내로 출발할 수 있는 태세'를 갖추고 80~100명 규모의 구조대 파견을 신청했다. 헬리콥터 탑재가 가능한 '화평방주(和平方舟)'라는 이름의 병원선을 파견할 용의가 있다고도 전해왔다. 그러나 일본정부는 국외로부터 구조 신청을 받아들이는 데 국제적인 순위를 매기고 있었으며, '1순위'는 당연히 미국이었고 중국은 '4순위'였다.

지진 직후의 시점에 토오호꾸지방에서 사용 가능한 공항은 미사와의 미군기지밖에 없었기 때문에 일본과 미국 양 정부는 그곳에 중국군인이 들어오는 것이 바람직하지 않다고 판단한 것이라는 이야기도 있다. 결국 중국에서는 15명의 구조대가 하네다(羽田)를 경유해 자위대가 수배한 비행기로 이와떼(岩手)현 하나마끼(花卷)공항에서 재난지

144

로 진입했다. 이러한 사실도 거의 보도되지 않았다.

　오히려 텔레비전과 신문에서 대대적으로 반복해서 보도한 것은 미군의 '토모다찌(トモダチ, 친구)작전'이다. 일찍이 없던 대재해로 말미암아 이루어진 자위대와 미군의 공동행동은 유사시의 미일합동군사훈련 차원에서 둘도 없는 기회이기도 했을 것이다. 그러나 그런 측면은 거의 보도되지 않았으며, 재해구조활동 측면만을 눈에 띄게 하고, [이는] 나아가 후뗀마기지와 미 해병대의 필요성을 호소하는 수단으로 최대한 이용되었다. 언론에서 좋은 평판을 얻을 수 있는 취재장소까지 미리 설정하고 센다이(仙台)공항 복구부터 인근 외딴섬의 기왓장 철거에 감사하는 도민들의 모습까지 집중보도했다. 그리고 자위대·미군·소방대·경찰 등 모든 조직인력이 재해구조활동에 공헌한 것을 인정하면서도 그것이 어째서 후뗀마기지나 미 해병대의 필요성과 결부되는 것인가에 의문을 나타낸 오끼나와 지역신문에, 야마또로부터 '미군이 해낸 역할을 깎아내리는 것 아니냐'는 비난의 전화가 꽤나 많이 걸려왔다.

'배려예산을 재난지로'

　결국 이렇게 큰 규모의 대재해에 직면해서도 일본은, 정

부든 수많은 언론이든 이것을 전기(轉機)로 삼아 새로운 일본의 존재방식을 추구하고자 하지 않고 계속해서 기존 노선을 타성적으로 답습해가고자 했다. 그것을 상징하는 것이 '힘내자 일본(がんばろう日本)'이라는 내용도 방향도 없는 슬로건이다. '힘내라 토오호꾸'나 '힘내라 후꾸시마'라면 그런대로 괜찮을지 모르지만, '힘내자 일본'이라는 슬로건은 전시의 '일치단결하여 나서자(一億一心の火の玉だ)'나 패전 때의 '일억총참회(一億總懺悔)'[38] 같은 무책임하고 방향 없는 슬로건과 마찬가지다.

미래를 전망하려는 슬로건이라면 적어도 '바뀌자 일본' '바꾸자 일본'이어야 할 것이다. 그리고 그러한 발상의 싹은 실은 민중의 구체적인 발언과 운동으로 존재하고 있다.

지진 직후에 때마침 '토모다찌작전'과 자위대활동이 크

---

38 전후 일본의 첫 내각 총리대신 히가시꾸니노미야 나루히꼬오오(東久邇宮稔彦王)가 1945년 9월 5일 행한 시정방침연설에서 "우리는 지금 이야말로 총참회하여, 신 앞에서 일체의 사심을 깨끗이 씻어내고 과거를 미래의 교훈으로 삼아 마음을 새로이 하여 전쟁 때보다도 더한 거국일가(擧國一家), 서로 도우며 각자의 본분에 최선을 다하고, 다가올 고난의 길을 넘어서 장래에 제국의 진운(進運)을 열어야 합니다……"라고 함으로써 소위 '일억총참회론'은 그의 주요한 정치이념으로 여겨졌다. 이는 국가 수뇌부의 전쟁책임을 애매모호한 것으로 만드는 논리이기도 했다.

146

게 보도되고 있던 2011년 3월 30일자 『류우뀨우신보』에는 '자위대를 국제구조대로'라는 제목의 투고가 게재되었다. 이 투고는 다음과 같이 말한다.

"재난지에는 수많은 자위대원이 동원되어 목숨을 건 구조활동이 이루어지고 있다. 그 모습에는 마음으로부터 존경하고 탄복하게 된다. 그렇지만 재난지에서 힘을 발휘하고 있는 것은 대원들의 인력과 병기가 아닌 일부 기자재들뿐이다. 국가가 위기적 상황에 직면해 있음에도 불구하고 국민을 지키라고 계속해서 납부해온 세금은 병기라는 형태로 잠자고 있는 것이다.

우리 인간들은 21세기를 맞이한 지금도 무력에 의한 외교, 억지력 같은 얄팍한 수단밖에 지닌 것이 없다. (…) 수많은 희생자, 재난피해자를 구원할 수 있는 패러다임의 전환을 이룩한다면 무력이라는 사악한 패러다임에 우리가 종지부를 찍는 것이 아닐까.

자위대를 국제구조대로 바꾸어 사람을 죽이는 일체의 무기를 내려놓을 것을 선언하고, 일본의 높은 기술력으로 모든 종류의 재해에 대응할 수 있는 최첨단기재를 갖춘 세계 최강 최대의 구조대를 만들어 국내뿐만 아니라 세계의 재난지로 나아가서 구조활동을 통해 국제사회에 공헌하

는, 그러한 21세기형 평화외교를 일본이 보여준다면 어떨
까. (…) 무력에 의한 외교나 억지력에 비해 훨씬 더 효과
가 있을 것이다.”

이 투고가 신문에 게재된 때와 같은 시기에 오끼나와현
청 앞에서 “배려예산을 재난지로”라는 현수막을 걸고 서
명운동을 시작한 사람들이 있었다. ‘배려예산’은 미일지위
협정상으로는 주일미군이 부담하도록 되어 있는 주둔경비
를 특별협정에 의해 일본이 대신 떠맡아서 향후 5년간 매
년 1,881억엔을 지출한다는 것이다.

다른 동맹국에서 선례를 찾아볼 수 없는 이러한 과잉서
비스가 미군이 주둔하기 편한 상황을 만들고, 나아가서는
구조적 오끼나와 차별을 지탱해가고 있다. ‘배려예산을 재
난지로’라는 주장은 두개의 구조적 차별을 동시에 극복하
는 방향성을 갖는다. 하지만 2011년 3월 31일 일본국회에
서는 중의원과 참의원 양원 모두가 단 하루만의 심의를 통
해 민주·자민·공명당의 압도적 다수로 이 특별협정을 승
인했다.

전회(2008)의 특별협정심의 때 야당이던 민주당은 ‘납
세자를 납득시키기 위한 설명이 없다’며 이 협정에 반대
했다. 3월 30일의 중의원 외교위원회에서 키따자와 토시

미 방위상은 재난피해자 지원에 예산을 돌려야 한다는 사민당·공산당 의원에게 "미일동맹은 나라의 근간으로 예산을 삭감하면 방위정책에 어긋남이 발생한다. 지진재해는 돌발적인 것으로 그것을 묶어서 논하는 것은 잘못된 듯하다"라고 반론했다. 마쯔모또 타께아끼 외상은 3월 31일의 참의원 외무방위위원회에서 "(전회에 반대했던 것을) 유감으로 생각하며, 무겁게 받아들이고 있다"고 반성하고, "우리나라를 둘러싼 안전보장환경을 직시한 결과 다시금 미일동맹의 중요성에 대한 생각을 깊게 하기에 이르렀다"고 말했다.

민주당·자민당·공명당은 재정파탄의 상황 속에서 재난지의 구조·부흥보다 미군을 위한 '배려예산'을 우선했던 것이다. 참고로, 오끼나와 지역구의 민주당 중의원의원 두 사람 중 한 사람인 즈께란 초오빈(瑞慶覽長敏)은 이 협정에 반대했다.

구조적 오끼나와 차별 극복의
가능성을 어디서 찾을 것인가

여론조사와 미디어의 논조로 본 미일안보와 오끼나와

야마또의 개입, 야마또와의 연대

국제적인 확산 가운데서

1. 여론조사와 미디어의 논조로 본 미일안보와 오끼나와

여론조사는 각 시기마다 민의를 알기 위한 수단으로 많이 쓰인다. 그러나 그 방법이나 질문항목을 설정하는 방식을 약간 바꾸는 것만으로도 결과가 크게 달라지는 경우가 적지 않다. 다만 다양한 전제조건들을 유의하면서 이용한다면 어느정도 참고자료는 될 수 있다. 그런 점들을 염두에 두고 여기서는 다섯개 여론조사를 사용해 야마또와 오끼나와에서 미일안보와 오끼나와를 파악하는 방식을 보고자 한다.

오끼나와의 안보인식

표1은 2009년 10월 31일부터 11월 1일에 걸쳐 『류우뀨우신보』와 『마이니찌신문(每日新聞)』이 오끼나와 현내에서 실시한 여론조사 결과(지면게재 11. 3)이다. 시기적으로는 일본을 방문한 게이츠 미 국방장관에게 일갈을 당한 오까다 외상과 키따자와 방위상이 방향전환을 시작하던 단계이다. 오까다 외상은 이미 카데나통합안을 제안하고 있었다.

우선, 헤노꼬 이전의 찬반에서는 찬성 19.6%, 반대 67.0%
였다. '미군의 일본주둔을 규정하고 있는 미일안보조약을
어떻게 생각하는가'라는 질문에 대해서는 미일안보를 유
지해야 한다 16.7%, 미일안보를 우호조약으로 바꾸어야
한다 42.0%, 미일안보를 파기해야 한다 10.5%, 미국을 포
함한 다국간 안보조약으로 바꾸어야 한다 15.5%였다. 하
또야마 내각의 지지율은 당시 62.9%, '지지하지 않는다'는
16.1%였다.

〔표1〕 류우뀨우신보·마이니찌신문 오끼나와 현내 여론조사
2009년 10월 31일~11월 1일 조사에서 발췌(단위 %)

질문 1 미국과 일본 정부가 합의한 미군 후뗀마 비행장을 나
고시 헤노꼬의 캠프 슈워브 연안에 이설하는 계획에 대해
찬성하십니까, 반대하십니까?
① 찬성 19.6　　　② 반대 67.0

질문 2 하또야마 수상은 중의원에서 후뗀마 비행장을 현외 또
는 국외로 이설하는 것을 목표로 한다고 공약했습니다. 하
또야마 수상이 어떻게 해야 한다고 보십니까?
① 현외 또는 국외 이설을 목표로 미국과 교섭해야 한다
69.7
② 현내에서 다른 이설예정지를 찾아야 한다 6.7
③ 헤노꼬로 이설하는 현재 계획을 인정해야 한다 4.6

④ 나까이마 지사가 요구하는 헤노꼬 연안안이 계획하는
앞바다로의 이동을 실현시켜야 한다 13.4

질문 3 오까다 외상이 제안한 카데나 미군기지에 후뗀마 비행
장의 기능을 통합하는 안에 대해 찬성하십니까, 반대하십
니까?
① 찬성 14.8　　　② 반대 71.8

질문 5 미군의 일본주둔을 규정하는 미일안전보장조약을 어
떻게 생각하십니까?
① 미일안보를 유지해야 한다 16.7
② 미일안보를 평화우호조약으로 개정해야 한다 42.0
③ 미일안보를 파기해야 한다 10.5
④ 미국을 포함하는 다국간 안보로 개정해야 한다 15.5

질문 7 오끼나와에 집중되어 있는 주일미군 전용시설의 75%
에 대해 어떻게 생각하십니까?
① 현재 상태로 괜찮다 11.8
② 확대해야 한다 1.1
③ 정리, 축소해야 한다 52.1
④ 철거해야 한다 31.4

질문 10 하또야마 내각을 지지하십니까?
① 지지한다 62.9
② 지지하지 않는다 16.1
③ 관심없다 21.1

표2는 2010년 5월 28일부터 30일에 걸쳐서 마찬가지로 『류우뀨우신보』와 『마이니찌신문』이 오끼나와 현내에서 실시한 여론조사 결과(지면게재 5. 31)이다. 하또야마 정권이 좌절하고 5월 28일의 헤노꼬 회귀에 대한 미일합의가 보도된 직후의 조사이다. 이 여론조사에서는 헤노꼬 이설의 찬반에 관해서는 찬성 6.3%, 반대 84.1%로 나타났다. 찬성이 3분의 1로 감소하고 반대는 이제 20% 가깝게 상승했다. '안보조약을 어떻게 생각하는가'에 대해서는 유지해야 한다 7.3%, 평화우호조약으로 바꾸어야 한다 54.7%, 파기해야 한다 13.6%, 다국간 안보조약으로 바꾸어야 한다 9.7%, 모르겠다 14.7%로 나타났다. 안보에 관해서도 '유지해야 한다'가 반감했다. 하또야마 내각 지지율은 8.0%로, 지지하지 않는다 78.2%의 약 10%에 지나지 않는다. 덧붙이자면 정당지지율 1위는 사민당 10.2%로, 자민당 9.8%와 민주당 8.6%를 상회했다.

〔표2〕 **류우뀨우신보·마이니찌신문 오끼나와 현내 여론조사**
2010년 5월 28~30일 조사에서 발췌(단위 %)

질문 1 일본정부는 후뗀마 비행장을 헤노꼬 부근으로 이설하는 것에 대해 미국과 합의하였습니다. 당신은 헤노꼬 부근으로의 이설에 대해 찬성하십니까, 반대하십니까?

　① 찬성 6.3　　　② 반대 84.1　　　③ 모르겠다 9.7

질문 2(질문 1에서 반대라고 답한 사람에게) 반대하는 이유는 무엇입니까?

　① 일본 국내에서 오끼나와현 이외의 곳으로 이설해야 한다 16.4

　② 국외로 이설해야 한다 38.0

　③ 오끼나와현 내의 다른 장소로 이설하는 것이 좋다 4.4

　④ 무조건적으로 기지를 철거해야 한다 38.0

　⑤ 모르겠다 4.8

질문 3 미군의 일본주둔을 규정하는 미일안보조약을 어떻게 생각하십니까?

　① 미일안보를 유지해야 한다 7.3

　② 미일안보를 평화우호조약으로 개정해야 한다 54.7

　③ 미일안보를 파기해야 한다 13.6

　④ 미국을 포함하는 다국간 안보조약으로 개정해야 한다 9.7

　⑤ 모르겠다 14.7

질문 4 미 해병대가 오끼나와에 주둔하는 것을 어떻게 생각하십니까?

　① 필요하다 15.1

　② 필요없다 71.2

　③ 모르겠다 13.8

질문 5 오끼나와에는 주일미군 전용시설의 약 74%가 집중되어 있습니다. 주일미군기지에 대해 어떻게 생각하십니까?
　① 현재 상태로 괜찮다 4.7
　② 확대해야 한다 0.9
　③ 정리, 축소해야 한다 50.2
　④ 철거해야 한다 41.2
　⑤ 모르겠다 3.0

질문 8 하또야마 내각을 지지하십니까?
　① 지지한다 8.0
　② 지지하지 않는다 78.2
　③ 관심없다 13.8

'하또야마의 헤노꼬'와 '칸의 헤노꼬'

이와 같이 오끼나와 여론의 특징을 보았으니, 다음으로는 야마또측을 살펴보자.

표3은 『아사히신문』이 2010년 5월 29~30일에 실시한 전국조사(지면게재 5. 31)이며, **표4**는 6월 8~9일에 걸쳐서 한 조사결과(지면게재 6. 10)이다. 6월 2일에는 하또야마 내각이 총사퇴하고 칸 나오또 내각이 성립했다. 두 조사의 시간상 간격은 열흘이 채 되지 않는다. **표3**에는 '오끼나와에 있는 미군 후뗸마 비행장 이설문제에 대해 질문 드립니다. 하

또야마 내각은 비행장을 오끼나와현 나고시 헤노꼬로 이설하는 한편, 오끼나와의 기지부담을 경감하는 정부방침을 결정하였습니다. 이 정부방침을 어떻게 평가하십니까'라는 질문이 있다. 그에 대한 답변은 긍정적으로 평가한다 27%, 긍정적으로 평가하지 않는다 57%였다. **표4**에도 '오끼나와에 있는 미군 후뗀마 비행장에 대해 질문 드립니다. 칸 수상은 후뗀마 비행장을 오끼나와현 나고시에 이설하는 데 있어서 일본과 미국 양 정부의 합의에 입각해 대응할 것이라고 합니다. 칸 수상의 이 자세를 어떻게 평가하십니까'라는 질문이 있다. 실질적으로 **표3**의 질문과 같은 것이다. 그러나 답변은 '긍정적으로 평가한다'가 49%, '긍정적으로 평가하지 않는다'가 26%이다. 같은 정책이라 할지라도 하또야마 내각이라면 부정적으로 평가하고, 칸 내각이라면 긍정적으로 평가한다는 것이다. 이 단계(발족 당초)의 칸 내각의 지지율은 60%('지지하지 않는다'는 20%)였다. 후뗀마 문제는 마치 하또야마의 문제인 것처럼 여겨졌다.

〔표3〕 아사히신문 여론조사

2010년 5월 29~30일 조사에서 발췌(단위 %)

● 하또야마 내각을 지지하십니까, 지지하지 않으십니까?
지지한다 17
지지하지 않는다 70

● 오끼나와에 있는 미군 후뗀마 비행장 이설문제에 대해 질
문 드립니다. 하또야마 내각은 비행장을 오끼나와현 나고시
헤노꼬로 이설하는 한편, 오끼나와의 기지부담을 경감하는
정부방침을 결정하였습니다. 이 정부방침을 어떻게 평가하십
니까?
긍정적으로 평가한다 27
긍정적으로 평가하지 않는다 57

〔표4〕 아사히신문 여론조사

2010년 6월 8~9일 조사에서 발췌(단위 %)

● 칸 내각을 지지하십니까, 지지하지 않으십니까?
지지한다 60
지지하지 않는다 20

● 오끼나와에 있는 미군 후뗀마 비행장 이설문제에 대해 질
문 드립니다. 칸 수상은 비행장을 오끼나와현 나고시로 이설
하는 데 있어서, 일본과 미국 양 정부의 합의에 입각하여 대응

마지막으로 **표5**를 보자.

『아사히신문』은 안보개정 50년을 기념해 2010년 12월 4일과 5일에 면접방식의 여론조사를 실시하고, 동시에 미국 여론조사기구에 위탁해 미국에서도 같은 시기에 여론조사(미국측은 전화조사)를 실시했다. 그리고 그 결과를 '안보관은 지금'이라는 제목으로 12월 24일자 한 면 전체를 사용해 보도했다. 참고할 바가 많은 조사다.

우선 '미일안보조약은 일본에 도움이 된다고 생각하십니까, 도움이 되지 않는다고 생각하십니까'에 대해서는 도움이 된다 70%, 도움이 되지 않는다 16%였다. '미일안보조약을 앞으로도 유지하는 것에 대해 찬성하십니까, 반대하십니까'에 대해서는 찬성 78%, 반대 9%였다. '안보는 국민들에게 완전히 정착해 있다'는 통설을 입증하는 결과였다. **표1**, **표2**의 오끼나와에서의 조사와 이 조사는 설문의 방식, 굳이 말하자면 조사자의 문제의식에서도 차이가 있다.

● 일본 일본은 앞으로 중국과의 관계를 돈독하게 하는 것이 좋다고 생각하십니까, 중국과는 거리를 두는 것이 좋다고 생각하십니까?

관계를 돈독히 한다 51

거리를 둔다 38

● 미국 미국은 앞으로 중국과의 관계를 돈독하게 하는 것이 좋다고 생각하십니까, 중국과는 거리를 두는 것이 좋다고 생각하십니까?

관계를 돈독히 한다 55

거리를 둔다 34

● 일본 일본에 있어 미국과 중국 두 나라 가운데 어느 나라와의 관계가 더 중요하다고 생각하십니까?

미국 68

중국 15

● 미국 미국에 있어 일본과 중국 두 나라 가운데 어느 나라와의 관계가 더 중요하다고 생각하십니까?

일본 33

중국 50

● 일본 일본과 중국의 관계를 생각할 때 어느 쪽을 더 중시해야 한다고 생각하십니까? (선택지 중 택 1)

  • 일본과 미국의 동맹관계를 강화하고, 경제 등의 측면에

서 상호의존관계를 심화한다 31
- 일본, 미국, 중국 세 나라가 경제 등의 측면에서 상호의
  존관계를 심화한다 64

● 미국 일본과 중국을 포함한 동아시아 지역의 평화와 안전을
위해서, 다음의 두 방향 중 어느 쪽을 더 중시해야 한다고 생
각하십니까? (선택지 중 택 1)
- 미국과 일본의 동맹관계를 강화하고, 중국과 마주한다
  18
- 미국, 일본, 중국 세 나라가 경제 등의 측면에서 상호의
  존관계를 심화한다 70

● 일본 일본이 1945년에 태평양전쟁(2차대전)에서 패전한 이
후, 미군 등의 연합국 군대에 의해 점령되었던 일에 대해 보거
나 들은 적이 있습니까?
  있다 82
  없다 16

● 일본 미일안보조약은 일본에 도움이 된다고 생각하십니까,
도움이 되지 않는다고 생각하십니까?
  도움이 된다 70
  도움이 되지 않는다 16

● 미국 미일안보조약은 미국에 도움이 된다고 생각하십니까,
도움이 되지 않는다고 생각하십니까?
  도움이 된다 49

도움이 되지 않는다 23

● 미국·일본 미일안보조약을 앞으로도 유지하는 것에 대해 찬
성하십니까, 반대하십니까?

　　　　　미국　일본
　찬성　 68　　78
　반대　 11　　 9

● 미국·일본 미일안보조약에 입각하여, 일본에는 약 4만 7천명
의 미군이 주둔하고 있습니다. 이 미군은 무엇을 위해 일본에
있다고 생각하십니까? (택 1)

　　　　　　　　　　　　　　　　　　　　미국　일본
　일본을 방위하기 위해　　　　　　　　　9　　42
　미국의 세계전략을 위해　　　　　　　　59　　36
　일본이 군사대국이 되는 것을 막기 위해　24　　14

● 일본 미일안보조약은 일본과 동아시아의 평화에 얼마나 도
움이 된다고 생각하십니까? (택1)
　크게 도움이 되고 있다 15
　어느 정도 도움이 되고 있다 65
　별로 도움이 되지 않는다 16
　전혀 도움이 되지 않는다 1

● 일본 유사시에 미국은 진심을 다해 일본을 지켜줄 것이라고
생각하십니까, 그러지 않으리라 생각하십니까?
　진심을 다해 지켜준다 41

그렇지 않으리라 생각한다 46

● 미국 일본이 다른 나라로부터 공격받았을 때에 미국은 전력을 다해 일본을 지켜야 한다고 생각하십니까, 그럴 필요는 없다고 생각하십니까?

전력을 다해 지켜야 한다 66

그럴 필요는 없다 26

● 일본 일본의 주변에서 일본의 평화와 안전에 영향을 줄 수 있는 사태가 일어날지도 모른다는 불안감을 느끼십니까, 느끼지 않으십니까?

느낀다 72

느끼지 못한다 24

● 일본 중국의 군비증강에 대비하여 오끼나와 본섬의 서쪽에 있는 사끼시마제도에 자위대를 배치하는 것에 대해 찬성하십니까, 반대하십니까?

찬성 48

반대 36

● 일본 가령 중국과 타이완이 군사충돌을 일으켜서 미군이 군사적으로 개입하게 되었을 때 자위대가 미군을 위해 물자를 수송하는 등의 후방지원을 하는 것에 대해 찬성하십니까, 반대하십니까?

찬성 57

반대 30

● 미국 가령 중국과 타이완이 군사충돌을 일으켜서 미군이 군
사적으로 개입하게 되었을 때에 자위대가 미군을 위해 물자
를 수송하는 등의 후방지원을 해야 한다고 생각하십니까, 그
럴 필요는 없다고 생각하십니까?

　　후방지원을 해야 한다 65

　　그럴 필요는 없다 23

● 일본 일본은 일본 내에 주둔하는 미군의 경비 중 일부에 대
해 소위 '배려예산'으로 약 1,800억엔을 부담하고 있습니다.
이 예산을 어떻게 해야 한다고 생각하십니까? (택 1)

　　늘려야 한다 1

　　현 수준으로 지속해야 한다 32

　　줄여야 한다 54

　　없애야 한다 10

● 미국 일본은 현재 일본 내에 주둔하고 있는 미군 경비의 일
부, 약 22억 달러를 부담하고 있습니다. 당신은 이 예산을 어
떻게 해야 한다고 생각하십니까? (택 1)

　　늘려야 한다 16

　　현 수준으로 지속해야 한다 44

　　줄여야 한다 21

　　없애야 한다 9

● 일본 미일안보조약에 입각하여 일본과 미국은 미일지위협
정을 체결하고 있습니다. 이 협정에서 미군이 일본에서 사건
을 일으켜도 일본의 경찰이 즉각적으로 취조를 할 수 없는 경
우가 있습니다. 미일지위협정을 개정해야 한다고 생각하십니

까, 개정하지 않고 운용을 개선하는 것으로 충분하다고 생각
하십니까?

　개정해야 한다 79

　운용을 개선하는 것으로 충분하다 15

● 일본 일본에 미군기지가 있는 것은 긍정적인 면이 더 많다
고 생각하십니까, 부정적인 면이 더 많다고 생각하십니까?

　긍정적인 면 53

　부정적인 면 28

● 일본 일본에 소재하는 미군기지는 곤란한 시설물이라고 생
각하십니까, 그렇게 생각하지 않으십니까?

　곤란한 시설물이다 53

　그렇게 생각하지 않는다 28

● 일본 오끼나와현이 1972년까지 미군에 점령되었던 것에 대
해 보거나 들으신 적이 있으십니까, 없으십니까?

　있다 90

　없다 9

● 일본 오끼나와에는 주일미군의 기지와 시설의 74%가 집중
되어 있습니다. 일본본토와 비교하였을 때 이 상태가 오끼나
와에 희생을 강요하는 것이어서 이상한 일이라고 생각하십니
까, 지리적·역사적으로 어쩔 수 없는 일이라고 생각하십니까?

　이상하다 48

　어쩔 수 없다 45

● 일본 오끼나와에 있는 미군기지 등을 정리, 축소하기 위해 일부를 국내의 다른 지역으로 옮기는 것에 대해서 찬성하십니까, 반대하십니까?

　　찬성 57
　　반대 28

● 일본 일본정부는 오끼나와에 있는 미군의 후뗀마 비행장을 오끼나와현 나고시 헤노꼬지구로 이설하는 것을 미국정부와 합의하고 있습니다. 이 후뗀마 비행장 이설문제에 대해 어느 정도 관심이 있으십니까? (택 1)

　　크게 관심있다 24
　　어느정도 관심있다 51
　　별로 관심없다 20
　　전혀 관심없다 4

● 일본 후뗀마 비행장의 대체시설을 나고시 헤노꼬지구에 만든다는 일본정부와 미국정부의 합의를 어떻게 하는 것이 바람직하다고 생각하십니까, 재검토하여 미국과 다시 교섭하는 것이 바람직하겠습니까?

　　그대로 진행한다 30
　　재검토하여 미국과 다시 교섭한다 59

● 일본 ('재검토하여 미국과 다시 교섭한다'라고 답한 59%에게) 합의를 재검토한다면 어떻게 하는 것이 바람직하다고 생각하십니까? (택 1)

　　오끼나와현 내의 다른 장소로 이설한다 12

오끼나와현 이외 일본 내의 다른 곳으로 이설한다 32

국외로 이설한다 51

● 미국 일본 오끼나와에 있는 미군기지는 중국과 타이완에 가까워 전략상의 요충지로 일컬어집니다. 한편으로 오끼나와에는 일본의 미군기지가 집중되어 있으며 지역주민은 미군기지의 축소를 요구하고 있습니다. 오끼나와 미군기지에 대한 당신의 의견은 어느 쪽에 더 가깝습니까?

현재 규모를 유지해야 한다 51

축소해야 한다 43

유동적인 안보관

『아사히신문』 여론조사 '안보관은 지금'의 내용을 검토하기에 앞서 이미 굳어진 듯 보였던 여론이 크게 변화하는 경우도 있다는 사실에 주목하고 싶다. 1995년의 소녀폭행 사건을 직접적 계기로 삼은 오끼나와의 투쟁이 낳은 여론의 변화가 그 한 예이다.

『니혼게이자이신문(日本經濟新聞)』이 1995년 8월에 실시한 여론조사에서 '미일안보체제를 앞으로 어떻게 해나가야 한다고 생각하는가'라는 질문에 대한 답변과 같은 해 10월의 그에 대한 답변을 비교해보면 '현재 체제를 유지해나가야 한다'라는 답변이 59.8%에서 43.5%로 격감했고, 반대로 ‘해소해야 한다’가 28.7%에서 40.2%로 대폭적인 증가를 보였다. ‘안보유지’와 ‘해소’가 거의 길항하고 있는 것이다. 조사자 자신이 “예측을 훨씬 뛰어넘는 결과”(『니혼게이자이신문』1995. 10. 17)라고 놀라면서 “8월 조사에서 60%이던 미일안보체제 유지론이 불과 2개월 만에 40%를 조금 넘는 정도로 대폭 저하했으며, 반대로 30%에 조금 미치지 못하던 해소론이 40%로 급증한 것은, 미군병사의 여자 초등학생 폭행사건에서 비롯한 이번 오끼나와문제의 영향이다. 미일지위협정, 미군용지 강제사용수속의 대리서명, 미일신특별협정의 비준 등으로 정치지도자들이 우물쭈물하는 동안에, 미일안보체제 그 자체에 대한 재검토론이 고개를 들게 되었다. 안보논의 등과는 무관하게 이미지가 앞서 퍼져나가는 미일안보 재검토론이라면 위험하다고밖에 말할 수 없다. 반대로 지도자의 지지부진함이나 정치기능 저하가 정서적인 안보 재검토론을 조장하고 있다는 견해도 가능할지 모르겠다”라고 위기감을 표명하고 있다.

이러한 위기감은 얼마 지나지 않아 신문논조의 변화로 이어졌다. 『마이니찌신문』이 1994년 4월과 1995년 12월에 실시한 여론조사에서 ‘당신은 미일안전보장조약에 대해서 어떻게 생각하십니까’라는 질문에 대한 답변도 ‘이제까지와 같이 유지하면 된다'가 53%에서 30%로 격감하고 '장래에는 없애야 한다'가 16%에서 35%의 대폭적인 증가를 보이는 등, 비슷한 경향이 나타났다. 여론 자체는 지극히 유동적인 것이다.

정체하는 시대상황과 민중의식

여기서 고려해야 할 점은 1995년 전후와 그로부터 15년 이상 지난 현재에 있어서의 시대상황의 차이다. 시대상황의 차이를 낳는 요인은 다양하지만 여론에 직접적인 영향을 주는 것은 여론을 유도하는 대중매체 등의 논조이다.

1995년 9월의 오끼나와 민중운동의 폭발은 예상치 못한 돌발사태였는데, 일본 언론의 논조는 1950년대의 '섬 전체 투쟁' 시기와 마찬가지로 대체로 오끼나와에 호의적이었다. 그러나 이 투쟁을 수습하고자 하는 미일 양 정부의 정책(SACO합의)에 대한 민중의 끈질기고도 강한 저항에 직면하자 [언론 논조는] 점차 변화하기 시작했다. 압도적인 현민의 반대여론과 정부의 압력 사이에 끼여서 이러지도 저러지도 못하고 있던 오끼나와 현지사와 나고시장의 타협점을 찾는 대응은 정부측에 있어서는 '질질 끄는 일'이자 '한입으로 두말하기(一口二言)'였다. 그들이 받아들인 방식은 당시 방위관료의 최고위에 있던 모리야 타께마사(守屋武昌)가 자기정당화를 위해 집필한『‘후뗀마’ 교섭비록』(新潮社 2011)에 상세하게 나타난다. 모리야의 오끼나와관은 ‘오끼나와는 갈취의 명수’라고 말한 케빈 메어 전 오끼나와 주재 미국총영사(미 국무성 일본부장)와도 닮은꼴이다. 일부 언론의 논조도 이에 동조하기 시작했다.

이나미네 오끼나와 현지사나 키시모또 나고시장이 ‘고뇌에 찬 선택’으로 일본정부와 합의한 ‘사용기한 15년 한정의 군민공용공항’을 미일 양 정부가 일방적으로 파기하고 현재의 헤노꼬 연안안을 제기했을 때,『요미우리신문(讀賣新聞)』은 “미일 간 합의가 지역의 반발로 뒤집힌다면 미일동맹이 흔들리는 사태가 올 수도 있다”라며 ‘정부는 하나되어 지역을 설득하는 일에 임하라’라는 제목의 사설(11. 4)을 게재했다. 이 무렵부터 신문의 논조는 크게 변하기 시작한다.

오끼나와의 두 지역신문『류우뀨우신보』와『오끼나와타임즈』는 전자는『마이니찌신문』과, 후자는『아사히신문』과 각각 기자의 상호교류를 실시하고 있다. 2011년 5월부터『아사히신문』에 파견되어 취재활동을 한 히야네 마리노(比屋根麻理乃)는 다음과 같이 쓰고 있다.

"'돈은 받고 나서 헤노꼬는 수용할 수 없다니 오끼나와는 제멋대로다'라고 어떤 전국지 기자가 투덜거렸다. (…) '제멋대로'라고 말한 기자는 거액의 진흥비를 요구하는 한편으로 미군 후뗸마 비행장(오끼나와현 기노완시)을 나고시 헤노꼬로 이설하는 데는 반대하는 오끼나와에 대한 '본토'의 속마음을 무심코 드러낸 것이리라. (…) 토오꾜오에서 오끼나와의 기지문제는 '돈'이나 진흥책과 얽혀서 이야기된다. (…) 돈을 주었으니 오끼나와는 현재와 향후의 부담도 감수해야 하는 것이 당연하다는 분위기가 상상 이상으로 팽배해 있었다."(『아사히신문』 2012. 3. 27)

전국지 기자와 접할 일이 많은 오끼나와 지역신문 기자들 중에서 히야네와 비슷한 체험을 한 이는 결코 적지 않다. 92면에서도 말했듯이, 2012년도 오끼나와 관련 예산은 재정압박에 의한 소비세 증세논의가 정치의 초점이 된 시기였음에도 전년도 대비 20여%가 증가했다. 하지만 그것이 합리적인가에 대한 의문은 국회나 언론에서도 전혀 없었다. '돈을 주는' 것이 당연하기 때문이다. 그리고 이것을 당연하게 여기는 정치가와 언론인 들에게는 헤노꼬 이전 역시 당연한 것일 터이다.

히야네는 이어서 다음과 같이 이야기한다.

"돈으로 어떻게 해보겠다는 자세야말로 근본적인 문제
해결에서 멀어지게 한다는 것을 어째서 모르는가. (…) 부
담축소를 요구하는 오끼나와의 목소리는 '제멋대로'인 것
이 아니다. 내게는 '오끼나와에 부탁할 수밖에 없다'고 반
복해서 이야기하는 정부의 자세야말로 '제멋대로'인 것으
로 보인다."

한편 2007년 9월 문부과학성의 교과서검정의견 철회를
촉구한 현민대회 무렵부터 오끼나와에 직접 비난의 칼끝
을 세우는 듯한 언설도 눈에 띄기 시작한다.

앞서 이야기했듯(66면 참조), 아베 정권 아래서 문부과학
성은 2007년 3월 고등학교 교과서의 검정결과를 공표했다.
이 가운데 일본사 교과서에 실리는 오끼나와전의 집단'자
결'에 관한 서술에서 일본군에 의한 명령·강제·유도 등의
표현은 "오끼나와전의 실태에 대해 오해할 소지가 있는 표
현"이라는 검정의견을 내고 이 표현을 삭제, 수정하게 했
다. 이에 대한 큰 반발이 일어나서 2007년 9월 29일에는 약
11만명의 민중이 결집해 '교과서검정의견 철회를 요구하
는 현민대회'를 열었다. 이 대회 다음날부터 대회 모습을
대대적으로 보도한 오끼나와 지역신문사에는 주로 현 밖
으로부터 '11만명이라는 숫자는 이상하다. 어떻게 봐도 2

만명 정도로밖에 보이지 않는다' '허위보도다' '그렇게까지 해서 현민을 선동해도 되는 것인가. 정정보도하라' 같은 전화와 메일이 잇따랐다고 한다(『오끼나와타임즈』 2007. 10. 28). 이제까지는 볼 수 없던 현상이다. '토모다찌작전'에 대한 비판적 보도에 대한 반응(145면)도 그 연장선상에 있는 것이다.

슈리성(首里城) 지하의 제32군사령부 지하참호의 설명간판에서 '위안부'와 일본군에 의한 '주민학살' 문구가 삭제된 계기도 담당부처인 현(縣) 환경생활부 평화·남녀공동참획과(參劃科)에 폭주한 이메일과 전화였다. 인터넷 보급을 포함해 1990년대 중반과 2010년 전후에 이르면 여론(민중의식)에 영향을 주는 시대상황은 크게 변화하고 있다.

야마또의 여론을 바꾼 오끼나와투쟁

다시 '안보관은 지금'으로 돌아가보자. 1990년대 중반 오끼나와 민중의 투쟁은 전국적인 규모에서 민중의 안보관에 큰 영향을 주었지만, 2010년의 오끼나와의 격동은 야마또 민중의 안보관에 거의 영향을 주지 못했다. 그럼에도 불구하고 미일안보 유지 78%라는 수치의 한편에서, 미일지위협정에 대해서는 '개정해야 한다'가 79%, '운용을 개선하면 된다'가 15%로 나타났다. 안보유지라는 큰 틀 안에서의 이야기이기는 하지만 지위협정은 바꾸어야 한다는 것이다.

후뗀마의 헤노꼬 이설이라는 미일합의에 대해서는 어떤가. '그대로 진행한다'가 30%, '재검토해 미국과 다시 교섭한다'가 59%이다. 민주당뿐만 아니라 야당인 자민당·공명당까지 국회 내에서도 압도적 다수가 미일합의 존중과 헤노꼬 이설을 지지한다. 그러나 여론의 3분의 2는 이 단계에서는 재교섭을 할 수밖에 없다고 생각하고 있는 것이다. 지지정당별로 '재교섭'파와 '그대로 진행'파의 비율을 살펴보면, 민주당 61% 대 31%, 자민당 47% 대 41%, 공명당 70% 대 18%로 나타났다(『저널리즘ジャーナリズム』아사히신문사 2011. 2. 참조). 미일합의 존중과 헤노꼬 이설이라는 자민당·공명당·민주당의 방침은 어느 정당 지지자들로부터도 지지받지 못하고 있다. 그리고 '재검토·재교섭'파에게 어떻게 하면 좋을 것인가 답을 고르게 하면 '오끼나와현 내의 다른 장소로 이설한다'가 12%, '오끼나와현 외의 일본 내로 이설한다'가 32%, '국외로 이설한다'가 51%이다.

또한, '오끼나와에 있는 미군기지 등을 정리, 축소하기 위해 일부를 국내 다른 지역에 옮기는 것에 대해서 찬성하십니까, 반대하십니까'라는 질문에 대해서는 찬성이 57%, 반대가 28%였다. 일반론에서는 60%를 조금 넘는 수가 현외이설에 찬성하는 것이다. 참고로 덧붙여두자면, 하또야마 수상이 궁지에 몰려 있던 2010년 5월 15,16일에 『아사히신문』이 실시한 전화조사에서는 '오끼나와에 있는 미군기지 등을 정리, 축소하기 위해 일부를 국내의 다른 지역으로 옮기는 것에 찬성하십니까, 반대하십니까'라는 질문에 찬성이 47%, 반대가 34%였다. 현외이설에 대한 지지가 증가하고 있는 것은 명백하다. 오끼나와와 야마또는 안보관에서 넘을 수 없는 거리를 지니면서도, 오끼나와의 투쟁은 역시 야마또의 여론을 변화시키고 있는 것이다.

그러나 '오끼나와에는 주일미군 기지와 시설의 74%가 집중되어 있습니다. 이 상태가 일본본토와 비교했을 때 오끼나와에 희생을 강요하는 것이어서 이상한 일이라고 생각하십니까, 지리적·역사적으로 어쩔 수 없는 일이라고 생각하십니까'라는 질문에 대해서는 '이상하다'가 48%, '어쩔 수 없다'가 45%로, 그 답변은 미묘한 차이를 보인다. 앞서의 질문에 대한 반응과 모순된다고 볼 수도 있다. 조사시점이 센까꾸제도 앞바다에서 중국어선 충돌사건이 일어난 지 3개월도 지나지 않은 시기라는 점도 영향을 미쳤을 것이다. 사끼시마제도에 자위대를 배치하는 것에 대해서는 찬성이 48%, 반대가 36%로 나타났다.

어찌 됐든 이것이 오끼나와의 투쟁이 마주해야만 하는 야마또의 여론, 민중의 의식상태이다.

그런데 이 『아사히신문』 조사는 미국과 일본을 비교하는 조사도 실시했다. 예를 들어 일본에서 중국과 미국 중 어느 쪽과의 관계가 더 중요한가를 묻는 질문에 대해서는 미국이 68%, 중국이 15%인 반면, 미국에서 일본과 중국 중 어느 쪽과의 관계가 더 중요한가를 묻는 질문에 대한 답변은 중국이 50%, 일본이 33%로 나타났다. 또 일본에 미군이 주둔하고 있는 목적이 무엇인지 묻는 질문에 대해서는 '일본을 방위하기 위해'라는 답변이 일본에서는 42% 미국에서는 9%, '미국의 세계전략을 위해'라는 답변이 일본에서는 36%, 미국에서는 59%, '일본이 군사대국이 되는 것을 막기 위해'라는 답변이 일본에서는 14%, 미국에서는 24%로 나타났다. 현상에 비추어보았을 때 납득할 수 있는 수치가 나타난 것이다. 일본의 여론과 그 배후에 있는 언론이 얼마나 '짝사랑'을 하고 있는지 보여준다.

2. 야마또의 개입, 야마또와의 연대

지역대책을 짊어지는 '토민군'

1996~98년까지 하시모또 내각의 오끼나와 담당 수상보좌관으로 SACO합의 추진에서 선두에 있었고 코이즈미 내각에서도 수상보좌관을 맡았으며, 정부측에서 가장 오끼나와통인 오까모또 유끼오는 하또야마 정권이 벽에 부딪친 상황이던 2010년 4월 무렵에 쓴 「뒤틀린 방정식 '후뗀마 반환'을 모두 풀다」(『文藝春秋』 2010. 5)라는 글에서 다음과 같이 이야기한다.

"지역에 대한 사전공작이라는 것은 힘든 일이다. 무릎을 맞대고 끈기있게 해야 한다. 예전에 방위시설청은 스스로를 '토민군(土民軍)'이라 칭하면서 되들잇병 술병을 손에 들고 지역대책을 수행했다. 그런 식으로 밑바닥을 훑어가며 수행하는 공작만이 기지문제를 해결해왔다.

1997년 초부터 나고시를 중심으로 시작된 조용한 사전공작은 4개월에 걸쳐 진행되었다. 나고시뿐 아니라 주변의 시·정·촌, 북쪽의 외딴섬, 지방의원, 어업관계자들까지도 그 대상이었다. 조금씩 이해해주는 사람들이 늘어났고,

4월에는 당시 시장이던 히가 테쯔야(比嘉鐵也)가 활주로건설 수용의 전제가 되는 환경평가조사를 받아들여주었다. 거기서부터가 정말로 힘들었다. **본토에서 활동가들이 대거 몰려와 반대운동을 펼쳤고**, 1997년 12월 주민투표에서 2,400표 차이로 반대파가 승리했다. 그러나 히가씨는 북부 진흥을 위해 해상기지 건설을 받아들이겠다는 신념을 관철하여 시장 사임과 맞바꾸어 수용을 표명했다."(강조는 인용자)

앞부분에서 그들은 반대여론이 강한 상황에서 지역을 무너뜨리기 위해 무엇을 했는가에 대해서 아무런 과장 없이 서술하고 있다. 이런 '조용한 사전공작'이 헤노꼬에서도 요나구니에서도, 지역사회를 갈라놓고 부모형제의 대립을 낳기까지 했던 것이다. 그러나 이런 방식을 칭찬하는 언론인도 있다. 『아사히신문』 편집위원 호시 히로시(星浩)는 하또야마 정권이 헤노꼬(로의 이설안)로 되돌아왔을 때 그 혼미한 상태를 비판한 글에서 다음과 같이 이야기하고 있다.

"오끼나와 사정에 밝은 외교평론가인 오까모또 유끼오씨에 의하면, 오끼나와방위국에서는 약 500명의 직원이 때로는 되들잇병 술병을 들고 지역사람들과 간담을 하면서 의견을 수렴해왔지만, 최근에는 그러한 모습을 볼 수 없게 되었다고 한다. '수상 관저에서 명확한 지시가 내려오지 않기에 그들도 움직일 방도가 없다. 정부로부터 "쓸데없는 짓 하지 마라"라는 이야기를 듣게 될까 신경쓰고 있다. 결국 오끼나와와의 의사소통이 이루어지지 않고 있다'고 오까모또씨는 한탄한다."(『아사히신문』 2010. 5. 29)

하지만 여기서는 오히려 오까모또의 글 후반부에 주목하고 싶다. 그에 따르면 본토 활동가들의 영향으로 반대파가 승리한 것처럼 서술하고 있다. 앞서 언급한 모리야 타께마사도 그의 저서에서 "나는 그후에 (헤노꼬의) 모래사장까지 내려가서 캠프 슈워브와의 경계에 있는 철조망을 보았다. 그곳에는 **현 바깥에서 이설 반대를 위해 이 땅을 방문한 사람들**이 쓴 엄청나게 많은 메시지들이 묶여 있었다"(강조는 인용자)라고 이야기하면서, 자신들의 노력을 무위로 만드는 것이 '갈취의 명수'인 지사나 시장 등 오끼나와 사회 상층부와 현외로부터의 움직임에 영향을 받은 반대파라는 점을 은연중에 시사하고 있다.

분명히 오끼나와에 큰 집회나 선거 등이 있을 때에는 야마또에서 다양한 정치당파와 운동단체 인물들이 연대를 과시하기 위해 오끼나와로 온다. 나고 시민투표 시기부터 사임한 히가 테쯔야의 후임시장을 정하는 시장선거 무렵

에 그런 활동가들의 모습이 특히 눈에 띄었다. 2012년 2월
의 기노완 시장선거 때에도 볼 수 있었다. 그것은 1970년
대 이후 야마또에서 반안보로 이어지는 투쟁이 거의 사라
져버린 것을 반영하는 것이기도 하며, 오끼나와의 투쟁에
대한 과잉된 기대의 표현이기도 하다. 하지만 그러한 일시
적 행동에 대해서, 특히 길거리에서 자신들의 존재를 과시
하는 듯한 호소활동에 대해서는 '야마또에서 자신들만의
운동을 만들어내라'와 같은 반발이 아주 강하게 나타난다.
야마또로부터의 동원이 역효과를 일으키는 경우는 있을
수 있지만 오끼나와의 투쟁이 야마또의 운동에 의해 좌우
되는 일 따위는 일어날 수 없는 것이다.

　실은 오끼나와의 의사결정에 대규모 개입을 되풀이해
온 것은 권력측이었다. 예를 들어 미군지배하에서 처음이
자 마지막이었던 공선(公選) 주석선거[39] 때에 일본정부와
자민당은 보수세력을 지원하기 위해 다수의 각료, 당 간
부, 탤런트의원, 연예인 등을 오끼나와로 보냈다. 당시의

---

39 제1회 행정주석통상선거(行政主席通常選擧)로 이는 1968년 11월 10
　일에 치러진 류유뀨우정부의 행정주석선거다. 이 선거와 같은 날 입법
　원 의원선거와 나하시 시장선거도 병행되었기 때문에 이들 선거를 합
　쳐 '3대 선거'라 부르게 되었다.

후꾸다 타께오 자민당 간사장은 "평화와 번영을 선택할 것인가 혼란과 빈곤을 선택할 것인가, 그것은 오끼나와 주민의 선택에 달려 있다. (혁신의) 야라씨가 당선되면 조국복귀와 민생향상에 지장을 가져올 것이다"라는 노골적인 발언을 반복했으나, 오히려 역효과를 불러일으켜서 혁신의 야라 초오뵤오(屋良朝苗)가 당선되는 길을 열어주었다.

나고 시민투표 때에도 오끼나와에 연고가 있는 정부고관과 자민당 간부 들이 잇따라 나고를 방문해 신기지건설을 위한 협력을 요청하고 북부진흥에 대한 바람을 듣고 갔다. 또한 당시 나하 방위시설국(현재의 오끼나와방위국)은 시민투표에 공직선거법이 적용되지 않는 점을 악용했다. 직원을 2인 1조로 구성해 컬러로 인쇄된 팸플릿을 들고서 협력요청을 위해 나고시의 모든 집을 개별방문하게끔 했던 것이다. 그 캠페인 규모는 '본토에서 대거 몰려온 활동가'에 비할 바가 아니었다. 당연히 '되들잇병 술병을 손에 든' 수면 밑의 활동도 그 이상의 규모로 전개되었을 것이다. 그러나 그것은 명백히 역효과였다.

보수건 혁신이건 간에 지원·연대를 강요하는 것이 역효과인 것은 공통적이다. 그러나 그렇다고 해서 지원이나 연대를 부정하는 것은 아니다. 헤노꼬와 타까에의 투쟁이 그것을 구체적으로 보여준다.

헤노꼬와 타까에의 투쟁

2004년 4월 19일 날이 채 밝지도 않았을 때, 정부는 이나미네 케이이찌 현지사와 키시모또 타떼오 나고시장을 끌어들여 추진해온 헤노꼬 앞바다 2km 해상기지 건설을 위한 시추조사를 실시했다. 그러나 당연하게도 지역주민과 시민에 의해 저지당했다. 헤노꼬항에서의 주민·시민과 정부(방위국) 대치는 이윽고 해상으로 확대되었다. 방위국이 눌러앉은 주민들을 우회하여 다른 항구에서 배를 출항시켜 해상조사를 위한 4개의 가설발판〔櫓〕을 세웠기 때문이다. 가설발판은 눌러앉는 장소가 되었고, 가설발판 주변에서는 작업선과 반대파의 어선, 카누 들이 뒤섞였다.

해상대치는 거의 1년 동안 휴일도 없이 24시간체제로 이어졌다. 그래도 사람들은 계속해서 투쟁했다. 가설발판에 연좌시위하는 사람의 수가 그리 많은 것은 아니었다. 그러나 언제 끝날지 모르는 오랜 기간 동안 매일매일, 그것도 24시간을 몇번씩 교대를 해가면서 눌러앉는다면 누적된 연인원은 방대한 수가 된다. 그 참가자는 조직이나 단체에 의해 동원된 것이 아니라 모두 개인이었으며, 각

개인이 자신의 건강상태와 생활조건에 맞춰서 날짜와 시간을 정해 참가했다. 반쯤은 우연히 이 투쟁에 참가했다가 삶의 방식이 바뀐 사람이 있는가 하면, 그 체험기를 읽고서 투쟁에 참가한 사람도 있었다. 헤노꼬의 투쟁은 '개별 의지의 집합체에 의해 지탱되는 철저한 비폭력 직접저지 행동'이었다.

이 투쟁의 배후에는 통계수치상으로는 소수점 이하인 사람들로 이루어진 눈에 보이지 않는 연대가 있었다. 그 연대의 폭은 오끼나와를 훨씬 넘어섰다. 오끼나와만으로 이 투쟁을 관철할 수 있었을까. 어선을 빌리는 데만도 막대한 경비가 필요하다. 이 투쟁은 여론조사 수치나 선거결과에는 나타날 리 없는 통계수치상으로는 소수점 이하인 사람들이, 그러나 폭넓게 퍼져나감으로써 지탱되고 있었다. '야마또에서 자신들만의 운동을 만들어내라'라는 지극히 정당한 지적은, 언제나 그 발언자가 서 있는 위치를 되묻는 양날의 칼로 존재한다.

헤노꼬에 이어서 혹은 동시병행 중인 투쟁으로는 히가시촌(東村) 타까에의 헬리콥터 이착륙장건설 반대투쟁이 있다. 타까에는 헤노꼬에서 북쪽으로 약 1시간 정도 올라간 곳에 있는 작은 산촌으로 미군의 북부훈련장에 인접해

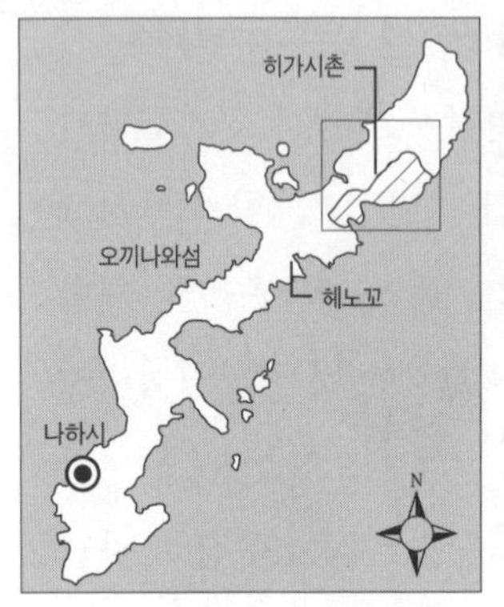

그림7 미군 헬리콥터 이착륙장 건설예정지(6개소)

있다. 아니, 그보다는 세 방향으로 북부훈련장에 둘러싸여 있다. 미일 양 정부는 SACO합의를 통해 북부훈련장의 북쪽 절반을 반환하는 대신 6개의 헬리콥터 이착륙장을 반환하지 않는 남부로 이설하기로 하였다. 그것이 실현되면 타까에는 헬리콥터 이착륙장에 둘러싸인 형태가 되어 생활이 파괴될 것으로 보고 주민들은 반대하고 있다. 그럼에도 불구하고 방위국은 2007년 공사에 착수하려다가 주민들의 맹렬한 반대에 직면하게 되었다.

타까에는 인구가 불과 백수십명, 약 60세대밖에 안되는 작은 마을이다. 반대행동에 참가하는 주민은 10여 세대에 지나지 않는다. 오끼나와방위국은 연좌시위하는 주민들

186

그림8 타까에의 헬리콥터 이착륙장 건설예정지에서 연좌농성을 계속하는 반대주민 30명에게, 지근거리에서 10대의 확성기로 이동할 것을 촉구하는 오끼나와방위국 직원들. 『오끼나와타임즈』사 제공.

의 머리 너머로 건설용지에 흙부대를 던져넣거나 아주 가까운 거리에서 개인별로 확성기를 든 대규모 인원이 큰소리로 '설득'활동을 할 뿐만 아니라, 재판을 이용해 주민을 배제하고자 시도했다. 2008년 12월, 방위국은 현장에 가본 적조차 없는 초등학생을 포함한 15명에 대해 통행방해 명목으로 가처분을 신청했다(후에 8세 초등학생에 대해서는 취하했다). 2009년 12월에 12명은 기각되었지만 2명은 본소(本訴)로 넘어갔다. 중간에 재판부는 화해를 권유했지만 국가가 거부했다. 2012년 3월 결국 한 사람에 대해서는 국가의 변명을 인정하지 않고 한 사람은 인정한다는 1심 판결이 나왔고 재판은 아직도 이어지고 있다. 타까에에서 나하의 재판소로 출두하는 데만도 하루가 걸린다. 그런 상황 속에서 타까에의 투쟁은 5년 가까이 지속되고 있다.

어떻게 그것이 가능한가. 이 투쟁이 통계수치상으로는 소수점 이하인 사람들의 눈에 보이지 않는 연대가 넓게 퍼져나감으로써 지탱되고 있기 때문이다. 기간의 길고 짧음을 고려하지 않고 이곳의 투쟁을 자신의 것으로 여기면서 묵묵히 그 저변을 지탱해온 야마또를 포함한 외부사람들이 존재하지 않았다면 이 정도의 투쟁은 있을 수 없었을 것이다. 작은 점에 지나지 않는 헤노꼬와 타까에의 투쟁이 전국적으로 혹은 국경마저 넘어서 알려진 것은, 이곳에서 투쟁을 감당했던 사람들 중 적지 않은 인원이 스스로의 일상으로 돌아간 후에도 헤노꼬, 타까에와 끈을 유지하며 그 투쟁을 자신의 주변에 계속해서 전해왔기 때문이다. 그것은 오끼나와와 야마또의 경계를 넘어선 인간과 인간의 연대다.

오끼나와 의견광고운동

여기서, 2장 말미에 소개한 '미군기지로 인해 괴로워하

는 오끼나와의 목소리를 미국에 전하는 모임'의 방미단과
하나가 되어 활동효과를 냈던 오끼나와 의견광고운동에
대해 소개해두고 싶다.

이 오끼나와 의견광고운동(www.okinawaiken.org)은 하
또야마 수상이 궁지에 몰린 2010년 5월, 『아사히신문』과
두 오끼나와 지역신문에 '후뗀마 폐쇄, 헤노꼬 신기지건설
반대, 안보를 없애자'라는 3개 요점을 중심으로 한 의견광
고를 실어 여론을 환기하고자 한 활동을 말한다. 헬리콥터
기지 반대협회 대표 아시또미 히로시(安次富浩) 등도 발기
인으로 연명(連名)하고 있으나 기본적으로는 토오꾜오와
칸사이(關西)에 거점을 두고 있다.

의견광고로 여론에 문제가 어디에 있는지 호소하려는
운동은 적지 않지만, 오끼나와 의견광고운동은 2011년 5
월, 2기째 의견광고의 장을 미국으로 설정했다. 2011년 9월
21~23일까지 노다 수상이 UN총회에 출석하고 오바마 대
통령과 회담을 하는 시기를 노려서 『뉴욕타임즈』 전자판
에 의견광고를 실었던 것이다. 그것은 우연하게도 나까이
마 지사가 미국에 초청받아 강연을 하는 시기와도 겹쳤다.
이 의견광고의 인터넷 페이지에는 미국 전역뿐만 아니라
100개국 이상에서 100만건 이상의 접속이 있었다고 한다.

다음으로는 '미군기지로 인해 괴로워하는 오끼나와의 목소리를 미국에 전하는 모임' 방미단이 미국에 건너간 시기에 맞춰서 2012년 1월 23~29일까지 『워싱턴포스트』 전자판에 의견광고를 실었다. 이 의견광고는 북미와 워싱턴에 집중해서 130만건 가까운 열독이 있었다고 한다. 이처럼 오끼나와센터와 야마또센터, 나아가 재미관계자의 협력을 얻은 두 활동의 공동작업이 일정한 상승효과를 올린 것은 분명하다.

듀공 소송

오끼나와와 야마또, 그에 더해 미국시민에 의해 이뤄진 활동으로 듀공(dugong)[40] 소송이 있다. 듀공과 3명의 개인, 헤노꼬의 '생명을 지키는 모임' 등 오끼나와의 세 단체와 환경법률가연맹, 미국에서는 생물다양성센터 등 두 단체가, 2003년 9월에 럼스펠드(Donald Rumsfeld) 미 국방장관(당시)과 미 국방성을 미국 국가역사보호법 위반으로 쌘프란시스코 지방재판소에 제소했던 것이다. 미국의 국가역사보호법은 미국이 국외에서 활동하는 경우 상대방 국

___
40 바다소목 듀공과의 포유류 해양생물. 일본의 천연기념물.

가가 문화재보호법으로 보호하는 대상에 대해서는 상대방 국가의 법률을 지켜야 한다고 되어 있다. 듀공은 일본의 문화재보호법이 규정한 천연기념물로서 보호대상으로 지정되어 있기에 듀공에 악영향을 주는 헤노꼬의 기지건설은 위법이라는 것이었다.

미 국방성은 미국이 기지건설에 관여하고 있지 않다며 '문전박대'할 것을 요구했으나, 재판부는 미국의 관여를 인정하고 재판을 속행하여 2008년 1월에는 위법확인을 하고 시정조치에 대해 협의할 것을 명령했다. 모두 종결된 것은 아니지만, 재판과정에서 국방성이 제출한 문서를 통해 1996년 시점에 오끼나와에 배치를 결정한 오스프레이 배치계획이 표면화되지 않게 해줄 것을 일본이 요청했었다는 사실이 판명되는 등의 부수적 소득도 있었다.

미군재편추진특조법과 '고향납세'

미군재편추진특조법은 미군기지를 지방자치체에 떠맡기기 위한 궁극적인 악법이다. 소위 '전원3법'을 모델로 2007년에 제정되었다. 미군재편에 협력하고 기지를 받아들이는 지방자치체에 성과급으로 교부금을 지급한다는 내용이다. 야당시절의 민주당은 미군기지를 돈의 힘으로 강요하는 이 악법을 제정하는 것에 반대했다. 시마부꾸로 요시까즈가 시장이던 시절의 나고시는 조건부로 수용한다는 자세를 보였기 때문에, 미군재편교부금이 지급되었다.

미군재편교부금에 의존하지 않는 마을 만들기를 제창했던 이나미네 스스무 새 시장이 취임한 2010년 2월 7일에는 2010년도 예산이 거의 다 편성되어 있었기 때문에, 나고시는 전 시장 시절부터 집행 중인 사업에 대한 2009년도의 이월금액 약 6억엔과 2010년도 예산 약 9억 9천만엔을 지불할 것을 요청했다.

그러나 시장이 기지 반대의 자세를 바꾸지 않고 오끼나와방위국이 신청한 헤노꼬기지 건설을 위한 육상지역동물·해역생물의 현황조사를 허가하지 않자 정부는 그에 대한 보복으로 그해가 끝날 무렵인 2010년 12월 24일에 교부금을 교부하지 않기로 결정한다. 그리고 키따자와 토시미 방위상은 "기지에 반대한다면 그 나름의 각오가 필요하다"고 딴전을 부렸던 것이다. 그러면서도 2011년도 예산에는 나고시를 위한 재편교부금을 편성해 나고시가 태도를 바꾸기만 한다면 새로운 교부금을 지급할 것이라고 했다. 물론 시장은 직원을 향한 신년인사에서 '미군재편교부금은 본래 있어서는 안되는 것'이라는 태도를 선명하게 드러냈다.

정부가 재편교부금을 지급하지 않았다는 사실이 보도
되자 이를 계기로 나고시에 대한 '고향납세'제도[41]를 활용
하거나 그것과는 관계없이도 기부금 송금이 쇄도했다. 그
총액은 〔2010년〕 12월 24일부터 다음해 3월 11일 동일본대
지진 무렵까지 약 600건, 약 2천만엔을 넘었다(나고시 홈페이
지www.city.nago.okinawa.jp/5/4969.html 참조). 그것은 권력자의
정책에 대한 비판의 표현이자 나고시 혹은 나고시민에게
보내는 격려의 메시지였다. 그런 의미에서 그것은 예전의
전오끼나와군노동조합(전군로全軍勞)[42](의 해고철회)투쟁
시절을 상기시켰다. 당시에 나는 다음과 같이 이야기했다.

"예를 들어 '토오꾜오에서 일하는 여성사무노동자' '보
모(保母)일동' '전군로를 지원하는 동지들'이라는 단체명
을 지닌 3개 여성그룹 사람들이 익명으로 급료의 20~30%

---

41 주민세의 일부, 즉 10% 정도를 자신의 고향에 납세하는 제도. 구체적
   인 비율과 징수방법은 각 지방자치단체가 조례로 정한다. 2008년 4월
   30일부터 시행 중이다.
42 1963년 우에하라 코오스께(上原康助)가 중심이 되어 결성한 '전오끼
   나와군노동조합연합회'가 1963년 '전오끼나와군노동조합(全沖繩軍勞
   動組合)'으로 개편·확대된 단체. 당시 오끼나와 소재 미군기지에 근무
   하는 류우뀨우주민에 대한 임금차별을 비롯해 차별대우 반대운동을
   펼쳤다.

정도를 떼내어 108만엔에 이르는 전군로 모금운동을 했다
는 사실은 감동적이면서 상징적이기도 했다. 그것은 오끼
나와에서는 볼 수 없는 현상이었다. 오끼나와에서조차 일
부에서는 전군로의 비장감마저 감도는 투쟁의 와중에도
'만국박람회에 놀러 가는 것'이 화제가 되던 시절이었다."
(中野好夫 공저『沖繩·70年前後』岩波新書 1970)

　당시부터 '모금운동을 한 것으로 투쟁에 참가했다고 착
각하지 마라' 같은 비판은 있었지만, 그것은 투쟁의 당사
자들에게서보다는 그 주변에서 들려온 것이라고 생각한
다. 중요한 것은 그곳에 어떤 '뜻〔志〕'이 담겨 있는가, 혹은
어떤 '뜻'을 끌어낼 수 있는가라는 점일 것이다.

3. 국제적인 확산 가운데서

한국과 오끼나와의 반기지투쟁

　1995년 오끼나와 민중의 궐기가 갖는 큰 특징 중 하나는
그것이 한국민중의 강한 관심을 끌었다는 점에 있다. 급속
한 민주화과정을 걷고 있던 한국민중에게도 미군기지는
지극히 중요한 문제였다. 이 시기에 이미 한국에서도 주한

미군범죄근절운동본부가 설립되어, 한미행정협정(SOFA) 개정교섭이 시작되려 하고 있었다. 그런 때에 미군범죄를 규탄하고 미일지위협정 개정과 기지의 정리·축소·철거를 요구하는 오끼나와 민중운동의 폭발이 주목받지 않을 리 없었다.

1996년 주한미군범죄근절운동본부가 펴낸 자료집 『알기 쉬운 한미행정협정: '한미행정협정 너, 오늘 임자 만났다'』에는 '오끼나와에서 배워라'라는 말이 여기저기에 보인다. 이 시기부터 미군기지의 존재라는 공통과제를 안고 있는 오끼나와와 한국의 민중 사이에 직접적인 연대가 생겨 확대되어갔다. 반기지투쟁이라는 구체적 테마를 지닌 오끼나와와 한국 민중운동의 교류·연대활동은 과거의 '식민지지배' 극복을 지향하는 한일연대활동과 중첩되는 면을 가지면서도 다소 차원이 다른 공동행동을 취하여, 한일연대와는 다른 미래로 이어지는 오끼나와·한국연대운동으로서 독자성을 지니기 시작했다.

1995년 무렵에는 한국민중이 '오끼나와에서 배워라'라고 이야기했다. 그러나 1990년대 후반 이후에는 오끼나와의 반기지운동이 역전당해서, 헤노꼬 앞바다에 기지건설 계획이 추진되기 시작하려는 단계에 직면한 오끼나와 민중을 격려해준 것은 2002년 발생한 미군 장갑차의 여중생 압살사건에 대한 분노를 노무현(盧武鉉) 정권의 탄생으로 연결해간 한국 민중운동의 존재였다고 말해도 지나치지 않다.

한국의 반미군기지운동 활동가들은 반전지주와 한평반 전지주운동의 존재에 대해서도 강한 관심을 나타냈다. 미 군재편 과정에서 한국의 용산(龍山) 미군기지가 평택(平 澤)으로 옮겨가려 했을 때 평택에서는 한국판 한평반전지 주운동이 시도되었다. '반전'과 '지주'라는 상반된 개념이 일체화된 '반전지주'가 동아시아 중에서도 오끼나와에만 존재하는 것은 어째서인가라는 의문을 풀기 위해 오끼나 와에 유학 온 대학원생도 있다.

한국에서 헤노꼬와 타까에를 주목한 것과 마찬가지로 오끼나와에서는 매향리(梅香里)의 미군 실탄사격장 철거 투쟁을 주목했고, 그후 제주도 강정(江汀)마을의 한국 해 군기지 건설과 이에 대한 반대운동을 주목하게 되었다. 제 주도에 건설될 예정인 한국 해군기지는 장래에 미군과의 공동사용도 예측되고 있으며, 한·미·일 군사적 연계의 거 점이 되어 동아시아 긴장을 고조하는 것이 아닌가라는 공 통의 위구심을 갖게 한다. 한국 민중운동과의 교류는 야마

196

또와 오끼나와의 이항대립 또는 미국·일본·오끼나와 삼
자관계의 틀 안에서만 문제를 파악하려는 경향이 있던 오
끼나와 민중운동의 시야를 동아시아로 넓혀주었다.

역사적으로도 지상전과 미군정을 체험하고 장기간에
걸쳐 미군기지의 영향을 지속적으로 받아온 것은 '오끼나
와와 한국'이지 '오끼나와와 일본'이 아니었다. 한국과 오
끼나와의 교류는 반기지운동을 넘어 확산되었다. 한국 언
론이 오끼나와의 현상황을 취재하고 오끼나와 언론이 한
국을 취재하는 경우도 드물지 않게 되었다.

오끼나와대학과 한국 성공회대학이 학생들의 상호교류
를 시작한 지 10년 가까이 지났다. 정근식(鄭根植) 서울대
교수가 주도하는 연구프로젝트 '오끼나와 미군기지의 정
치사회학'은 연구성과로 『기지의 섬, 오키나와: 현실과 운
동』『경계의 섬, 오키나와: 기억과 정체성』이라는 두권의
책을 출간했다. 이 두 책은 나의 『오끼나와 현대사 신판』
(沖繩現代史 新版, 岩波新書 2002)의 한국어 번역본과 동시에
서울의 같은 출판사에서(논형 2008) 간행되었다.

동아시아와 함께

일본에 매몰되지 않는 독자적인 역사적 주체로서 오끼

나와의 존재가 동아시아 여러 지역들에서 주목받게 된 큰 요인은 간헐적이라 할지라도 크게 부각되는 오끼나와의 반기지투쟁이었다. 그것은 반기지투쟁이야말로 오끼나와의 자기결정권 확립·확대의 핵심적 표현이기 때문이다. 독자적인 역사적 주체로서의 오끼나와의 존재를 오끼나와 자체에 있어서, 그리고 동아시아에 있어서 재확인하게 된 계기 중 하나는 박정희(朴正熙) 군사독재정권 아래서 정치범으로 오랫동안 옥중에 있었던 서승(徐勝) 씨 등의 주도로 개최된, 동아시아의 냉전체제를 다시 파악하고자 하는 국제심포지엄이라고 할 수 있다. 타이완의 계엄령체제, 오끼나와의 미군정, 한국의 군사독재를 횡적으로 다시 파악하고자 하면 독자적 존재로서의 오끼나와가 어쩔 수 없이 부각된다. 몇년에 걸쳐 각 지역을 순회하며 이루어진 이 국제심포지엄이 1997년 타이베이(臺北)에서 최초로 개최된 날은 우연히도 한국 각지에서 반미군기지투쟁을 하고 있던 수십명의 사람들이 오끼나와를 방문해 반전지주 등 오끼나와 반기지투쟁을 주도해온 사람들과 만난 날이기도 했다.

2000년대 들어 이러한 국제교류 네트워크는 중국까지도 끌어들였다. 2010년 나의 『오끼나와 전후사(戰後史)』(中野

198

好夫 공저, 岩波新書)와 『오끼나와 현대사 신판』이 합본된 형태로 베이징 싼렌서점(三聯書店)에서 번역출판(胡冬竹 옮김)된 것은, 일본에 매몰된 바 없는 독자적인 역사적 주체로서의 오끼나와 현대사에 대한 관심이 드러난 것에 다름 아니었다. 2010년 5월에는 오끼나와대학에서 『오끼나와 현대사 신판』의 한국어·중국어 번역을 기념하는 심포지엄 '아시아 안에서 오끼나와 현대사를 되묻는다'가 개최되었다. 패널리스트와 주제는 다음과 같다.

• 오끼나와 현대사를 동아시아 속에서 서술하는 가능성 야까비 오사무(屋嘉比收) 오끼나와대학교 준교수

• 오끼나와투쟁에서 배우다 쑨 거(孫歌) 중국사회과학원 문학연구소 연구원

• '지역'이라는 시점에서 천 광싱(陳光興) 타이완국립교통대학교 사회와문화연구소장

• 동아시아 분단체제를 해체하기 위하여 정근식(鄭根植) 서울대학교 교수

2010년 11월에는 천 광싱 타이완교통대 교수가 중심이 되어 '냉전의 역사문화'를 주제로 한 '동아시아 비판적 잡

지 회의'가 진먼다오(金門島)에서 열렸다. 2박 3일 동안 몇 개나 되는 분과회의가 진행된 이 회의의 상세한 내용은 생략하겠지만 지금 이 시기에, 이 장소에서 이러한 회의가 열리는 것의 의미는 작지 않다.

말할 필요도 없이 진먼다오는 중국대륙에서 쫓겨난 국민당군의 대륙반격을 위한 교두보이자 최전선이었다. 1950년대에는 대륙과 이 섬 사이에서 매일같이 포격전이 벌어졌다. 당시의 지하참호가 오끼나와 토미구스꾸(豊見城)시에 있는 구해군사령부 참호처럼 정비되어 관광명소로 자리잡았다. 이 회의가 개최되기 2개월 전에는 센까꾸 앞바다에서 중국어선 충돌사건이 일어났었다. 그러나 우리는 이곳에서 자유롭게 센까꾸문제를 화제로 삼았다.

회의가 한창이던 때 북한에 의한 연평도 포격사건이 일어났다. 우리는 식당에 있는 텔레비전으로 한국인, 중국인, 타이완인, 우찌난쭈(ウチナーンチュ), 야마똔쭈(ヤマトンチュ)[43] 모두가 일제히 이 뉴스를 보고 있었다. 한국인 참가자가 곧바로, 서해의 휴전선처럼 이야기되는 북방한계선(NLL)은 남북합의에 의한 휴전선이 아니며 UN군(미군)

---

43 '우찌난쭈'와 '야마똔쭈'는 각기 '오끼나와 원주민'과 '본토사람'을 일컫는 오끼나와말이다.

200

이 일방적으로 그은 것이 분쟁의 씨앗이 되고 있다고 해설해주었다.

오끼나와 군사기지는 동아시아에서 대두하는 중국과 패권의 유지를 꾀하는 미국이 일본과 한국을 종속시키는 형태의 국가간 긴장상태를 낳는 것을 전제로 존재한다. 동아시아에서 국경을 넘는 민중의 교류와 상호이해를 심화하는 일은 그러한 전제를 부단히 돌파하는 역할을 맡고 있다.

오끼나와에서 UN으로

'독자적인 역사적 주체로서의 오끼나와'를 선주민족을 통해 파악하고 구조적 오끼나와 차별을 국제적인 인권문제로서 UN기관 등을 활용해 타파하고자 하는 그룹이 있다. '류우뀨우꼬(琉球弧)의 선주민족회(AIPR)'라는 이름의 사람들이다. 그들이 제작한 팸플릿 『Q&A 국제인권법과 류우뀨우·오끼나와』에는 '국내에서 안된다면 UN으로 가져가자!'라는 슬로건이 쓰여 있다.

2012년 3월 13일(일본시간 14일), 제네바 주재 국제기관 일본정부대표부에 UN 인종차별철폐위원회가 보낸 미군기지의 현내이설계획에 대한 질문서가 도착했다. 질문서에는 '류우뀨우민족 및 오끼나와에 거주하는 그밖의 일본인이 지역환경과 생활상황에 중대한 영향을 줄 것이라고 해서 대규모의 반대와 비난을 하고 있음에도 불구하고 후뗀마 비행장의 헤노꼬 이설이 제안된 점,' 타까에의 헬리콥터 이착륙장에 대해서도 '타까에 주민 및 오끼나와 지방의원이 계속적으로 반대하고 있는 것'을 지적하면서 우려를 표명했다.

UN 인종차별철폐위원회가 이 질문서를 일본정부에 들이댄 것은 '류우뀨우꼬의 선주민족회' 등의 운동이 있었기 때문이다. 정부는 7월 말까지 답을 해야만 한다. 8월에 있을 인종차별철폐조약의 준수상황을 감시하는 모임에서 그것을 심의해 어느정도의 시정권고가 내려질 것이다.[44]

---

44 일본정부는 회답기한일인 7월 31일 UN 인종차별철폐위원회에 회답을 보냈다. 회답 내용의 요지는, 오끼나와현에 거주하는 사람이나 오끼나와현 출신 사람이 차별을 받을 대상으로 인식될 만한 생물학적·문화적 특징을 공유하고 있지 않은 것으로 여겨지며, 이들은 인종차별철폐조약의 대상이 아니라는 것이었다. 또한 후뗀마 비행장의 헤노꼬 이설계획은 후뗀마 비행장의 위험성 제거, 오끼나와의 부담 경감 및 일본의 안전보장상의 요청에 의한 것이고, 타까에 헬리콥터 이착륙장의 건설계획은 토지의 대규모 반환에 의한 부담 경감 및 일본의 안전보장상의 요청에 의한 것으로, 두 계획 모두 차별적인 의도를 기반으로 하지 않는 점을 강조한다는 것이었다.
  한편, 2012년 8월 15일에는 류우뀨우꼬의 선주민족회(AIPR), 오끼나와·생물다양성 시민 네트워크(OkinawaBD), 반차별국제운동

물론 그것이 법적 구속력을 지니지는 않으므로 그것으로 문제가 해결되는 것은 아니다.

그러나 다종다양한 투쟁이 상황을 바꾸고, 구조적 차별을 흔들기 시작하고 있는 것은 분명하다고 말할 수 있겠다.

(IMADR)의 세 단체가 이러한 일본정부의 회답에 대한 논평문을 인종차별철폐위원회에 제출했다. 이 문서에는 일본정부가 류우뀨우제도의 민족집단 및 선주민족인 류우뀨우/오끼나와 사람들의 고유성을 인식하지 않고 있을 뿐만 아니라 류우뀨우/오끼나와의 식민지화·군사화의 역사에 대해 전혀 언급하지 않은 것이 대단히 유감스럽다는 내용이었다.

후기를 대신하여

본문에서 다루지 못한 몇가지 사항을 덧붙여두고자 한다. 그 첫번째는 PAC3[45]소동에 대한 것이다.

국제해사기구(IMO)는 2012년 3월 19일에, 4월 12~16일 오전 7시~정오 사이에 인공위성을 쏘아올릴 것이라는 북한의 사전통고가 있었음을 일본을 포함한 IMO가맹국들에 전했다.

일본정부는 이것을 사실상의 장거리 탄도미사일 발사로 보고, 2009년 4월에 북한 로켓이 토오호꾸지방 상공을

---

45 미국 레이시언(Raytheon)사에서 미 육군용으로 개발한 광역방공용 지대공 미사일시스템 MIM-104 Patriot(통칭 패트리엇 미사일)의 개량형 모델.

날아갔던 때와 마찬가지로 '탄도미사일 등에 대한 파괴조치명령'을 발령해 민간을 끌어들인 대규모 군사훈련의 기회로 이용했다. 특히 이번에는 로켓의 통과예정궤도가 자위대를 배치할 기회를 노리고 있는 오끼나와 사끼시마제도 상공이라는 사실을 예고받은 바도 있어서 자위대 배치를 위한 정지작업에 더없이 좋은 기회였다.

사끼시마 주변에 이지스함 3척이 배치되었고, 오끼나와 섬에 있는 2개 자위대기지, 미야꼬지마의 자위대보조〔分屯〕기지, 자위대기지가 없는 이시가끼지마에서는 매립지 광장에 PAC3가 배치되었다. 낙하하는 파편 등에서 '주민을 지키기 위해' 각 지역에 1천명 가까운 자위대원이 배치되었으나, 궤도 바로 아래에 해당하는 타라마지마(多良間島)에는 자위대원이 불과 5명밖에 배치되지 않았다. 그러나 약 170km나 떨어진 요나구니지마에는 약 50명의 자위대원이 배치되었다. 자위대를 요나구니에 배치할 것을 노리고 있기 때문이었다.

정부는 현청에서 시·정·촌을 대상으로 설명회를 개최하고, 전국순간경보시스템인 'J얼러트(J-Alert)'[46]를 사용

---

46 통신위성과 시·정·촌 방재행정무선을 이용해 긴급정보를 주민에게 순식간에 전달하는 시스템. 2004년부터 총무성 소방청이 개발 및 정비

해 미사일 발사 직후와 상공 통과에 대해서 두번 정보를 전달할 것이라고 설명했다. J얼러트 화면에는 "공격대상 지역: 오끼나와현"이라는 문자가 비쳤다.

2006년 카데나기지와 카데나탄약고에 미군의 PAC3가 반입될 때에는 불쾌감을 표명했던 오끼나와현도 이번에는 나까이마 지사가 "PAC3 배치는 방위기술 차원의 문제로 정부의 판단을 배제할 이유가 없다"(3월 31일 오끼나와를 방문한 타나까田中 방위대신과의 회담)고 했다. 그러면서도 "과잉설비는 가져오지 않았으면 좋겠다"고 못을 박았기 때문에 자위대의 작전규모는 축소되었고, J얼러트 화면에서 '공격'이라는 글자는 사라졌다.

오끼나와·미야꼬·이시가끼 세 지역 모두에서 PAC3 배치에 대한 항의행동이 있었으나, '만약 무언가가 떨어져내리면 어떻게 할 것인가'라는 목소리에 밀리는 형국이었다. 실제로 텔레비전 보도를 보고 교정에서 놀고 있던 아이들을 실내로 대피시킨 학교도 있었다. 그것은 특정지역 주민

를 추진하고 실증실험을 거쳐 2007년 2월 9일부터 일부 지방공공단체에서 운용하기 시작했다. 대처하는 데 시간적 여유가 없는 대규모 자연재해나 탄도미사일 공격 등에 대한 정보를 '국가와 주민에게 직접, 순식간에' 전달할 수 있다는 점이 J얼러트의 최대특징이다.

을 피난시키고 난 뒤 일상적으로 빈번하게 이루어지는 자위대의 불발탄 처리와 비슷했다.

오끼나와의 두 지역신문이 마고사끼 우께루(孫崎享, 전 방위대학교 교수), 야나기사와 쿄오지(柳澤協二, 전 내각관방부장관보·안전보장 담당), 마에다 테쯔오(前田哲男, 군사평론가) 등 전문가들을 지면에 등장시켜서 "궤도가 명확하지 않고 고속으로 낙하하는 물체를 PAC3로 요격한다는 것은 매우 어려운 일임에도 불구하고 마치 주민을 지키기 위해 배치한 것으로 보이게 하려고 한 정부의 대응이 문제"(『오끼나와타임즈』4. 14)라는 식의 해설을 실었으나 사후적인 조처로 그만 타이밍을 놓친 꼴이다. 조선우주공간기술위원회가 4월 10일 평양시내에서 기자회견을 통해 "일본이나 남한 영역에 낙하할 것에 대한 우려에 대해서는 '(비행궤도에서 이탈할 경우) 자폭시킬 것이다'라고 설명하였다"(평양-쿄오도오통신) 같은 보도도 그다지 주목받지 못했다. 오끼나와의 언론도 분위기에 휩쓸리는 양상이었다.

4월 19일에 인도는 사정거리 5,000km의 탄도미사일 '아그니5'의 발사실험에 성공했다고 발표했다. UN가맹국 어느 나라로부터도 이것을 비난하는 목소리는 나오지 않았다. 국제사회의 이중기준인 것이다.

일본은 어떠한가. "후지무라 오사무(藤村修) 관방장관은 19일의 기자회견에서 '인도는 국제사회에서 탄도미사일 개발에 대해 아무런 금지조치를 받은 바 없다'고 말했다. 북한과의 차이에 대해서는 '북한은 UN안보리에서 탄도미사일 개발을 금지당했다'고 말했다."(『아사히신문』4. 20) 일본은 안보리 이사국이 아님에도 불구하고 이번 북한의 발사에 대해 북한 비난결의가 통과되도록 하기 위해서 "안보리에 필사적으로 요청"(『아사히신문』4. 12)했다. 일본은 주변지역의 긴장완화와 평온한 상황을 만들기 위한 노력을 하기보다는, 주변지역의 분위기를 험악하게 만들어서 그것을 국내정치에 이용하고자 하는 것이다.

4월 22일과 23일에 타나까 방위상은 사끼시마를 순회하면서 PAC3가 배치된 이시가끼와 미야꼬뿐만 아니라 요나구니까지 발길을 뻗쳐서 행정책임자들에게 사의(謝意)를 표명하며 돌아다녔다. 2009년 아끼따(秋田)현과 이와떼(岩手)현에 PAC3를 배치했을 때에는 이런 '감사인사 순례'가 없었다는 점도 기억해두어야 할 것이다.

PAC3소동은 모처럼 만들어놓은 J얼러트가 별 쓸모가 없었다는 정보시스템의 혼란을 드러내고 막을 내린 꼴이 되었지만, 사끼시마제도에 자위대를 배치하기 위한 정지

작업 캠페인으로서는 그 나름의 성공을 거두었다고 이야
기할 수 있겠다.

　이제 이어서 살펴볼 것은 이시하라 신따로오(石原愼太
郎) 토오꾜오 도지사의 센까꾸매입 발언이다.

　4월 17일 이시하라 지사는 대중국 강경파인 미국의 싱
크탱크 헤리티지재단(Heritage Foundation)에서 행한 강
연을 통해 센까꾸제도의 사유지 부분에 대한 구입계획을
밝혔다. 이시하라 지사는 이 강연에서 일본의 핵무장에 대
해서도 자신의 지론을 전개했던 듯하나 센까꾸문제만이
크게 다루어졌다.

　이 문제는 오끼나와보다 전국 규모 언론에서 크게 다루
었는데, 오끼나와의 입장을 염두에 둔 논의는 전혀 없었다
고 해도 무방하다. 그럼에도 불구하고 나까야마 이시가끼
시장은 굳이 상경해서 이시하라 지사의 구입계획을 지지
한다는 의사를 표명했다. 나까야마 시장은 사전에 이시하
라 지사의 구상을 알고 있었다고 한다. 이시가끼 시의회는
이시하라 지사의 입장을 염두에 두고, 국가가 매입해 이시
가끼시에 양도할 것을 요구하는 의견서를 찬성 10, 반대 7,
퇴석 1, 결석 3으로 채택했다.

바로 여기서 중앙의 특정 정치그룹과 그 첨병의 역할을 맡은 지방정치가의 연결이라는, 교과서문제와 유사한 구도를 엿볼 수 있다.

마지막으로, 2012년 2월에 갑작스럽게 발표된 미군재편 재검토에 관한 기본방침(95면 참조)에 입각한 협의결과인 2+2의 공동문서에 대해 보충설명을 하겠다. 이 문서는 4월 25일에 발표될 것이 예고되었지만, 미국의회의 항의로 인해 27일로 발표가 연기되었다. 발표를 연기한 결과 수정된 주요사항은 두가지였다.

첫째, 후뗀마를 이전할 곳은 헤노꼬가 "유일하게 유효한 해결책이다"라는 문구 앞에 "이제까지 특정되었던"이라는 문구를 삽입한 점이다. 이제까지 미일 양 정부, 특히 노다 정권의 각료들은 수상을 앞세워 "헤노꼬가 유일하게 유효한 해결책"이라고 반복해서 말해왔다. 이것은, 헤노꼬로의 이전은 불가능하지 않은가, 카데나통합안이 더 현실적인 것이 아닌가 하고 이야기하는 미국의회를 무시하는 꼴이다. 그래서 어느정도 함축성을 갖게 하여 빠져나가고자 한 것이다.

둘째, "입법부와 협의해가면서 신속하게 실시"라는 문

구를 넣음으로써 의회의 입장을 배려하는 자세를 보였다는 점이다.

마치 임시방편을 위해 예전 것을 새것인 양 고친 듯한 문서이기는 하지만, 그밖의 특징을 보자. 우선 "동맹의 억지력이 동적 방위력의 발전 및 난세이제도를 포함하는 지역에서의 방위체제 강화를 꾀하는 일본의 노력으로 강화된다"고 보는 점이다. 그리고 "적시에 효과적인 공동훈련, 공동의 경계감시·정찰행동 및 시설의 공동사용을 포함한 두 나라 사이의 동적 방위협력이 억지력을 강화한다"고 보고 있다. 칸 정권 당시 '방위대강'에서 제안했던 기반적 방위력 정비를 대체하는 더욱 적극적인 동적 방위력 개념과, 중기방위력정비계획에서 구체화한 요나구니 등의 사끼시마제도에 자위대를 배치하는 방안이 2+2에 의해 정당화(authorize)됨으로써, 동적 방위력은 '미국과 일본의 동적 방위협력'으로 격상되었다.

그 구체화의 첫걸음으로 "괌 및 미국 자치령, 북마리아나제도에서 자위대와 미군이 공동으로 사용하는 시설인 훈련장 정비에 대해 협력한다"고 되어 있다. 여기서는 자위대의 항시적인 해외활동과 그것을 위해 일본이 추가로 맡아야 하는 재정적 부담을 당연시하고 있다. 가장 중요한

‘오끼나와의 부담 경감’은 어떻게 되었는가.

‘약 9천 명의 미 해병대 요원이 그 가족과 함께 오끼나와에서 일본 국외로’ ‘적절한 수용시설이 이용 가능해졌을 때’ 이전한다. 약 5천 명이 괌으로, 나머지는 오스트레일리아나 하와이로 순환배치된다. 해병대와 그 가족의 이전은 국외의 수용시설이 이용 가능한 단계에 이루어진다.

카데나 이남에 있는 ‘기지들의 통합 및 토지의 반환’에 대해서는, 2006년도 로드맵에서 제기한 5개 기지를 13개소로 분할해 ‘필요한 수속이 완료되면 신속하게 반환’ ‘대체시설이 제공되는 대로 반환’ ‘미 해병대의 국외이전과 함께 반환’의 세 가지로 분류해 단계적으로 반환한다.

‘신속하게 반환’되는 토지는 전체의 10% 정도이다. 기지의 일부를 잘라내 매우 좁은 범위를 반환하는 것에 지나지 않기 때문에 철거부지의 장기적 이용을 계획하기는 어렵다. ‘대체시설 제공’이나 ‘해병대의 국외 이전’을 전제로 하는 반환은 언제가 될지 예측할 수 없다. 결국 패키지에서 분리하는 것은 아무런 의미도 지니지 못하는 셈이다.

나아가 공동문서는 후뗀마기지에 대해 “대체시설이 완전히 운용 가능해질 때까지 안전한 임무능력의 보지와 환경보전 등의 목적을 위해 필요한 보수사업에 대해서 (…)

상호가 공헌한다”는 것을 표명하고 있다. 미일 양 정부는 후뗀마 고정화라는 공갈책을 점점 더 강화하려고 하고 있는 것이다.

그 후뗀마기지에 수직이착륙형 수송기인 MV22오스프레이를 배치한다고 한다. 오스프레이는 과거에 몇번이나 추락사고를 낸 적이 있으며 2012년 4월에도 모로코에서 추락사고로 인해 미군병사 2명이 사망하는 등 안전성이 문제시되어왔다. 미일 양 정부는 후뗀마 배치에 앞서서 캠프 후지(富士)나 이와꾸니기지 등의 미군기지에 일시적으로 배치, 운용해 안전성을 호소한 이후 10월경에 후뗀마로 가져올 예정이었지만, 수용예정지의 자치체가 반발한 탓에 앞당겨서 7월에는 후뗀마에 배치할 예정이라고 한다.[47]

반복해서 지적해왔듯이, 미군재편이건 개별적인 미군부대의 이동이나 병기배치건 간에 그것은 미군의 군사적 필요성에 따라서 이루어진다. 그럼에도 불구하고 미일 양 정부, 특히 일본정부는 그것에 구조적 오끼나와 차별의 구도를 이용해왔다.

---

47 2012년 10월 현재 12대가 후뗀마기지에 배치되어 훈련 중이다.

하지만 하또야마 정권의 좌절로부터 몇년이 지나고 난 뒤 매일같이 지역신문 지면에 '차별'이라는 글자가 춤추게 되고, 차별적 처우·구조 속에 놓여 있는 오끼나와 민중이 그것을 실감해 고발하는 목소리를 드높이게 되었다. 그런 일 자체가 구조적 오끼나와 차별이 파탄나기 시작했다는 것을 의미한다.

그러나 미일 양 정부는 아직도 파탄에 이른 구조적 오끼나와 차별에 매달려 있다. 그들 스스로 그 정책을 수정하는 일은 아마도 없을 것이다.

오끼나와의 투쟁은 그 차별구조와 연결된 내부모순의 극복을 포함해 당분간 계속된다. 오끼나와의 투쟁이 구조적 오끼나와 차별을 무너뜨리는 시기는 주변 여러 지역 민중들의 오끼나와에 대한 공명·공감·연대의 정도에 따라서 늦춰지기도 빨라지기도 할 것이다.

2012년 5월 15일
아라사끼 모리떼루

오끼나와와 한국의 연대에 대해*

내가 한국/조선의 존재를 친근하게 의식하기 시작한 것은 언제부터였을까. 고교시절부터 '아시아에는 세개의 분단국가가 존재한다. 북위 38도선으로 분단된 한반도의 남북과 17도선으로 분단된 베트남, 그리고 나머지 하나는 북위 27도선에 의한 일본과 오끼나와의 분단이다. 그러나 대부분의 일본인이 38도선이나 17도선은 알지만 27도선은 모르고 있다' 같은 주장을 하던 기억은 있다. 그러나 그것은 한반도나 베트남을 통해 오끼나와를 강조하기 위한 예로 인용한 것에 지나지 않았다.

---

* 이 글은 리쯔메이깐대학교(立命館大學校) 코리아연구소에서 간행하는 연간『코리아연구(コリア硏究)』3호(2012)에 실린 것이다.

한국이 한층 더 친근해진 것은 1960년 안보투쟁[1] 시위 중에 전학련[2]의 가두선전차량이 "지금 때마침 한국 학생들이 이승만(李承晩) 독재정권을 쓰러뜨렸다. 우리들 일본의 학생도 또한……"이라고 소리치는 것을 들은 때부터였던 것 같다. 그때까지 나는 토오꾜오에 살고 있었다. 1959년에 나는 전후(戰後) 처음으로 미군지배하의 오끼나와에 도항했다. 도항 신청이유는 '성묘 및 친척방문'이었지만 진짜 목적은 졸업논문의 자료수집이었다. 이때 나는 미 민정부 공안부에 호출되어 '도항 신청이유와 행동이 일치하지 않는다'며 심문을 받은 경험이 있다. 내가 오끼나와에서 살 수 있게 된 것은 1972년 오끼나와가 일본에 반환되고 1974년에 오끼나와대학이라는 조그마한 대학이 나를

---

1 1959~60년 미일안보조약에 반대해 국회의원·노동자·학생·시민이 참가한 일본역사상 최대 규모의 반정부·반미운동과 그에 따른 정치투쟁. 60년 안보투쟁을 무릅쓰고 안보조약은 국회에서 강행, 체결되었지만 키시 노부스께(岸信介) 내각은 이로써 총사퇴하게 되었다.

2 전일본학생자치연합회의 약칭. 1948년 145개 대학의 학생자치회로 결성되었으며, 결성 초기에는 일본공산당의 영향을 강하게 받았으나 1955년 '일본공산당 제6회 전국협의회(6전협)' 이후로는 일본공산당 비판파가 주류를 이뤘다. 1960,70년대에 안보투쟁 등으로 격렬한 학생운동을 전개했고 1970년대 이후에는 신좌익 각 파들의 영향이 강해졌으나, 안보조약의 성립, 당파간 폭력분쟁, 연합적군사건 등으로 인해 세력이 급격히 퇴조했다.

불러주었기 때문이다.

내가 오끼나와에 자리잡고 살게 된 1970년대 중반, 일본에서는 한결같이 김대중(金大中)사건과 김지하(金芝河) 문제 같은 한국의 정치·언론탄압 문제가 주목받고 있었다. 여기서는 그것과는 조금 차원이 다른 몇가지 에피소드를 기록에 남기고 싶다. 내가 오끼나와에 이주한 다음해인 1975년에는 오끼나와현 한일친선협회가 설립되고 보수당 계열인 나하시 시의원단이 한국을 방문했으며, 오끼나와의 남부 전적지에는 한국인위령탑이 건립되었다. 한일친선협회의 설립취지문은 오끼나와와 한국은 역사적 관계가 깊을 뿐 아니라 최근에는 '산업문화의 측면'과 '의료복지 측면'의 교류도 심화되고 있다고 강조했다.

'산업문화의 측면'과 '의료복지 측면'의 교류 심화란 무엇인가. 전자의 예를 굳이 찾아본다면, 사탕수수나 파인애플의 수확조업기(제당 관련은 전년도 말부터 2,3월, 파인애플은 8~10월이다)에 한국으로부터 계절노동자의 도입이 있었다. 오끼나와 반환 이전에는 제당공장이나 파인애플 통조림공장에 타이완 계절노동자가 도입되었다. 1970년에는 제당 관련업계에 1,344명, 파인애플 통조림공장에는 506명이 외화벌이를 위해 와 있었다. 그 근면함과 저임금을 높이 평가했기 때문이다. 일본정부는 복귀 후에도 특별조치라 하여 5년 동안은 외국인노동자에 의한 노동력 확보를 인정했다. 이 무렵부터 오끼나와는 이미 기지노동자 대량해고 등의 문제도 있어서 일본에서 가장 실업률이 높은 지역이긴 했지만, 저임금·단기간의 계절노동에는 노동자가 부족했던 것이다. 그러나 1972년 중국과 일본의 국교가 회복되자 타이완에서 노동자를 도입할 수 없게 되었다. 이를 대신해 등장한 것이 한국인 노동자였다.

한국인 노동자 도입문제가 주목받게 된 것은 1974년 여름 외화벌이를 위해 오끼나와 파인애플공장에 왔던 한국인 여성이 귀국 후 계약에 훨씬 못 미치는 임금, 조악한 식사와 숙소, 개인행동 금지 등에 대해 호소하는 수기를 한국 신문에 게재하고, 그것이 쿄오도오(共同)통신을 통해서 오끼나와의 신문에서도 보도되었기 때문이다. 그 과정에서, (열악한 숙소 설비 등) 수용한 측의 문제도 있으나 노동자를 내보낸 창구인 한국 국제기능협회에서 중간착취를 하거나 노동자관리 등에 문제가 있었다는 점도 부각되었다. 이러한 문제를 안은 채로 1975년에도 한국인 노동자는 오끼나와에 왔다. 그러나 한국측은 노동자와 외부의 접촉을 필요 이상으로 경계했고, 일본어를 할 수 없는 노동자를 보호한다는 명목으로 자유로운 외출을 금지해 반드시 반장이 함께 행동해야 하는 상황이었다고 한다.

'의료복지의 측면'에서 교류에 해당할 법한 것으로는, 외딴섬이나 벽지에 한국인 의사를 도입한 것밖에 없다. 1974, 75년에 한국에서 7명의 의사를 초빙했다. 이것은 오끼나와로서는 매우 감사한 이야기다. 그러나 당시 한국의 단위인구당 의사의 수는 오끼나와의 4분의 1 이하(오끼나와는 일본 평균의 2분의 1)라고들 했다. 그렇다면 의사가 빼돌려진 한국은 어떻게 된단 말인가. '산업문화의 측면'과 '의료복지 측면'의 교류라지만 한꺼풀 벗겨보면 일본의 농업정책·노동정책·의료행정의 빈곤함을 아시아 인근 지역의 민중에게 전가한 것일 뿐이지 않은가. '이러한 모순이 특히 오끼나와에서는 더욱 첨예하게 드러나고 있다' 같은 이야기를 오끼나와에 갓 이주해 온 당시의 나는 토오꾜오의 신문에 써 보내며 주의를 환기했다(당시 나는 『마이니찌신문』에 '오끼나와로부터의 보고'라는 월 1회 연재란을 맡고 있었다).

또한 1975년 9월에는 오끼나와섬 남부의 전적지에 오끼나와전에서 희생된 한국인의 영혼을 위로하기 위한 한국인위령탑이 세워졌다. 비문은 박정희 대통령이 쓰고 제막식에는 한국 보건사회부장관이 출석했다. 당시에 조총련 오끼나와현 본부는 '희생자는 조선인이었지 '한국'인이 아니었다. 그것을 박파쇼정권은 정치의 도구로 이용하려 하고 있다'고 비난했다. 하지만 지금은 건립 당초의 사정이 거의 잊혀지고, 어느샌가 이 위령탑이 조선인위령탑으로 정착해버린 듯한 느낌이 든다.

내가 처음으로 한국을 방문한 것은 1987년의 일이다. 덧붙여 말해두자면, 나는 한국을 방문하기에 앞서 1980년경에 조선민주주의인민공화국을 방문했다. 이와이 아끼라(岩井章)라는, 노동운동권 지도자(전 일본노동조합총평의회 의장)로서 북한과 두터운 연결통로를 갖고 있던 이가 나를 방북단의 일원으로 끼워줬기 때문이다. 그래서 일본방북단의 일원으로 오끼나와에서 참가한 모양새였는데, 어찌 됐든 당시의 우리에게는 한국보다 북한이 더 친근했던 것인지도 모른다.

나의 최초의 한국방문은 전시에 군노동자(軍夫)로 경상북도 경산군에서 오끼나와로 강제연행된 사람들의 단체인 태평양동지회의 초대를 통해 이루어졌다. 오끼나와전에서 살아남은 사람들이 귀국하는 배 위에서 결성한 이른바 '전우회'가 태평양동지회였다고 한다. 그들은 전후 오랫동

안 오끼나와에서 죽은 동료들의 혼을 고향으로 돌아오게
할 수 있기를 소망해왔다. 그러나 한국전쟁과 한일관계,
군사독재정권 등에 의해 가로막혀서 그들은 그 소망을 실
현하지 못했다. 그 당시에 일반인들은 공신력있는 '합당한
기관'의 초대 없이 해외로 출국하는 것이 매우 어려웠다고
한다.

그런 이야기를 듣고 당시 오끼나와대학 총장이었던 나
는 오끼나와대학 토요강좌에서 '강제연행된 한국인 군노
동자와 오끼나와전'이라는 심포지엄을 기획하고, 그들(태
평양동지회)의 대표 5명을 강사로 초대하기로 했다. 오끼
나와대학은 당시 해마다 '오끼나와전과 기지문제를 생각
하는 하계 세미나'를 개최했으며, 이미 100회를 넘는 실적
을 갖고 있던 토요교양강좌에서도 자주 '오끼나와전'을
주제로 삼고 있었다. 그런 흐름에서 보았을 때 태평양동지
회 사람들을 초대해 이런 심포지엄을 기획하는 것은 지극
히 자연스러운 일이었다.

동시에 그들이 오끼나와로 오는 것은 오끼나와전에 대
한 인식에서 가장 결여된 부분을 메운다는 의미에서도 큰
의의가 있었다. 우리는 오끼나와대학의 틀을 넘어서 연구
자들과 운동권 사람들의 협력을 얻어 교류환영실행위원회

를 조직하고 다양한 환영·간담의 자리를 만들었다. 물론 그들에게 일차적인 목적은 초혼제였다. 이 초대를 통해서 그들은 오끼나와섬에서 가까운 아까시마(阿嘉島)에서 (굶 주림 때문에) 밭의 경작물을 훔쳤다는 이유로 5명의 동료 들이 처형된 장소를 찾아내 초혼제를 지낼 수 있었다. 본 래 전몰자의 유골 수집과 위령, 초혼행사는 전쟁을 일으킨 당사자인 국가가 책임지고 치러야 할 사항이다. 그러나 국 가가 그 책임을 다하지 못하고, 그것을 이루고자 소망하는 민중이 있다면, 국경을 넘어서 민중 차원에서 그 희망에 부응할 필요가 있다고 우리는 생각했던 것이다.

1986년 11월 18일 그들이 오끼나와를 방문해 11월 23일 에 떠날 때까지 오끼나와의 신문과 텔레비전은 그들의 행 동을 그야말로 밀착취재했다. 보도진의 관심사는 새로운 사실의 발견보다는 극적인, 혹은 감정적인 면에 집중하는 경향이 있었다. 그러나 잇따른 보도가 오끼나와 민중에게 한반도에서의 강제연행과 이른바 '종군위안부'문제를 자 신들의 오끼나와전 체험과 하나로 여기게 하고, 다시금 자 신들과 가까운 존재로 의식하게끔 만든 것은 틀림없었다. 오끼나와현 교직원조합그룹은 자체제작 교재를 만들기 위 해 초혼제를 중심으로 한 그들의 행동을 취재했다. 그들의 체재비는 모두 모금운동으로 마련했다. 우리 운동의 취지에 찬동해 오끼나와형무소에 수감되었던 조선인이 1만엔을 보내온 것은 잊을 수 없는 일이다. 그는 권총밀수 혐의로 체포된 사람이라고 했다. 그런 일도 있어서 모금운동은 그들의 체재비를 훨씬 상회했다. 우리는 그 나머지 돈을 그들의 위령비 건립자금의 일부로 기부했다.

이런 경위로 우리는 이듬해인 1987년 4월에 태평양동지회 사람들의 고향에 건립된 위령비 제막식에 초대받게 되었다. 그러나 이때는 40년 전의 전쟁에 대한 이야기는 할 수 있어도, 오끼나와나 한국의 당시 상황에 대한 이야기는 하기 어려웠다. 우리의 언행은 오끼나와 주재 한국영사관에까지 모두 새어나가는 실정이었다. 이 무렵은 한국에서 6월민주항쟁이 일어나기 직전의 시기였다.

건립된 위령비 근처에 영남대학교라는 훌륭한 대학이 있었다. 나는 그곳에서 소규모 강연을 의뢰받았다. 태평양동지회 사람들의 오끼나와전 체험을 채록하고 있던 권병탁(權柄卓) 씨가 이 대학 교수였기에 이루어진 일이다. 강당으로 안내되었을 때 조용한 강당 안에서 십수년 만에 코를 찌르는 최루가스 냄새를 맡았다. 물어보니 대학관계자는 대수롭지 않다는 투로 "어제 학생들이 작은 소동을 일으켜서요……"라고 대답했다. 도서관은 공부하는 학생들로 거의 가득 차 있었다. 나는 이 학생들이 일제히 궐기한 상황을 떠올려보았다.

그로부터 8년이 지난 1995년 가을에 3명의 미군병사에 의한 소녀폭행사건이 직접적인 계기가 되어 오끼나와에서는 미군기지의 정리·축소·철거, 미일지위협정 재검토를 요구하는 대규모 민중운동이 폭발했다. 이때 나는 '기지와 인권'이라는 제목으로 다음과 같은 글을 썼다.

"우리는 주권국가의 평등성 회복이나 대국 일본의 위신을 위해 지위협정을 문제삼을 것이 아니라 어디까지나 더욱 보편적인 인권의 확립이라는 관점에서 이 문제를 다루어야 한다. 그로부터 미일지위협정의 재검토가 한국민중의 인권상황 개선에 도움이 될 것이라는 전망도 나온다. 불행한 역사를 짊어진 일조인민(日朝人民)이 직면한 인권상황의 개선에 있어서 함께 투쟁할 가능성도 보이기 시작할 것이다."(『沖繩同時代史』 제6권, 凱風社 2004)

이런 글을 쓴 이유는, 당시 오끼나와의 갑작스러운 민중봉기에 직면한 야마또(일본본토)에서 다양한 반응이 나타났는데, 예를 들어 자민당 국방부회 내부에서마저 모종의 내셔널리스틱한 반응을 볼 수 있었기 때문이다. 즉 반미감정을 일본의 자립적인 군사력 강화로 유도하려는 분위기조차 보였던 것이다. 우리 혹은 나는 미일지위협정 개정요구가 편협한 내셔널리즘에 편입당하는 것을 주의깊게 피하면서, 그것을 무엇보다도 인권문제로 자리매김하여 동아시아의 평화창조와 결부하고 싶었다. 그리고 '일조인민'이라는 생경한 단어를 '한국민중'과 병용한 것은 '한국민중'을 넘어선 사람들의 존재를 시야에 넣고 싶다는 생각이 있었기 때문이다.

당시 우리는 한국이 군사독재정권 시대를 극복하고 민주화의 길을 걷기 시작했다는 것을 어렴풋하게나마 알고 있었다. 미일지위협정 재검토가 곧바로 한미행정협정(SOFA) 개정으로 이어진다는 것도 인식하고 있었다. 그러나 예컨대 이미 주한미군범죄근절운동본부(약칭 주미본)가 설립되어 활동을 시작했다는 것, 나아가 SOFA 개정교섭이 시작되려 하고 있었다는 것은 전혀 몰랐다. 국가보안법 같은 법률마저 존재하는 한국의 민중에게 함께 투쟁하자거나 연대를 요청하는 것은 그들에게 폐를 끼칠지 모른다는 우려마저 있었다. SOFA 개정교섭을 촉구하는 한국의 민중운동이 오끼나와의 문제제기와 강하게 결부된 것임을 우리가 알게 된 것은 1996년 5월 주미본이 발행하고

97년 4월에 도유사(都裕史)가 일본어로 번역한『알기 쉬운 한미행정협정』을 읽고서였다. 이 팸플릿에는 오끼나와의 반기지투쟁에 관한 언급이 많았으며, 이채롭게도 '오끼나와에서 배워라'라는 표현이 여기저기에 들어 있었다.

한국 각지에서 미군기지에 반대하는 운동을 하는 43명의 사람들이 우리 앞에 모습을 보인 것은 이러한 시기의 일이었다. 1997년 2월 21일 미군용지 강제사용의 시비를 묻는 공개심리 일정에 맞춰서 오끼나와에 왔던 것이다. 마침 이날은 서승 씨 등이 주축이 된 국제심포지엄 '동아시아의 냉전과 국가테러리즘'의 제1회 심포지엄이 타이베이에서 개최된 날이었다. 나도 참가할 것을 권유받았지만, 내 눈앞의 투쟁을 방치하고 참가할 수는 없는 노릇이었다.

오끼나와의 미군기지반대투쟁 중에서도 한국사람들이 특히 강한 관심을 보인 것은 반전지주의 존재와 이들을 지원하는 한평반전지주운동이었다. 이해 8월 서울에서 '우리땅미군기지되찾기 전국공동대책위원회(후의 전국미군기지반환운동연대)'가 결성되었다. 주미본 등도 그 안에 포함하는 폭넓은 조직이다.

이 조직 결성의 자리에 입회했던 우리는 이듬해인 1998년 6월 '미군기지에 반대하는 운동을 통해서 오끼나와와 한국의 민중연대를 지향하는 모임'(약칭 '오끼나와-한국민중 연대沖韓民衆連帶')을 설립했다. 굳이 '연대를 지향하는'이라 는 표현을 사용한 것은, 오끼나와라고 해도 근대 한일관계 사에서는 일본국가 내에 위치했으며, 공통의 과제에 대응 하는 과정에서 미래를 향해 역사적 과거의 극복을 지향할 수는 있어도 안이하게 '연대'라는 단어를 사용하는 것은 망설여졌기 때문이다. 또한 일본에 '한일민중연대'라는 조 직과 운동이 있다는 것을 알면서도 굳이 '오끼나와-한국 민중연대'라고 이름을 내건 것은 한국의 기지문제가 '한 국'의 문제인 반면에 일본의 기지문제는 '오끼나와문제' 로 파악되는 경향이 있었기 때문이다. 좀더 강하게 이야기 하면, 현대사에서 지상전과 미군정 양자를 모두 체험한 것 은 '일본과 오끼나와'가 아닌 '한국과 오끼나와'였다. 쌍방 이 처한 상황에 대한 정보는 빈약할지라도 상호이해의 밑 바탕이 되는 역사적 체험에는 공통된 것이 있지 않은가라 는 막연한 생각이 있었다.

1998년이라는 해는 내게 또 하나의 중요한 추억이 있 는 해다. 부라꾸(部落)³해방연구소가 간행한 인권소책자

---

3 일본에서 역사적으로 에따(穢多) 또는 에따마을이라 불린 천민의 촌락 이나 지역의 거주민을 국가행정이 '피차별부라꾸민'이라고 칭한 데 따

(booklet)『오끼나와를 알다, 일본을 알다(沖繩を知る 日本を知る)』의 한국어 번역본이 출간된 것이다. 당시의『류우 뀨우신보』기사(1998. 11. 16. 석간)를 소개하겠다.

"올해 8월에 한국의 제주도에서 제2회 '21세기 동아시아 평화와 인권' 심포지엄이 있었다. 여기서 오끼나와를 소개하는 서적으로 오끼나와의 역사·문화와 오끼나와전, 미군기지 현상, 반전지주의 투쟁 등을 정리한 아라사끼씨의 저서가 선정되었다. 이 책을 번역한 오오사까시립대학의 한국어 강사 김경자(金京子) 씨는 오끼나와와 한국의 공통점으로 전쟁체험과 미군기지에 반대하는 투쟁을 언급하면서 "한국인은 일본인을 침략자라는 하나의 얼굴로만 알고 있다. 한국에서도 반기지투쟁은 뿌리 깊은 것이지만 오끼나와문제는 아직 일반에 그리 알려지지 않았다"라며 출판의 의의를 강조했다. 한국어판 제목은 '또 하나의 일본: 오끼나와 이야기'이다. 김씨는 '이 책을 통해서 또 하나의 일본의 모습을 알아주었으면 좋겠다'는 생각에서 이 제목을 정했다고 한다."

라 정착된 명칭. '부라꾸' 거주민뿐 아니라 그 출신자들에게도 사용되는 차별용어다. 메이지정부의 근대화정책으로 법적 차별의 근거는 사라졌으나 현재에도 결혼, 취직 등에서 차별대우를 겪는 경우가 있다.

2000년은 한반도에서 남북정상회담이 열린 해이자 오끼나와 (G8)정상회담이 열린 해이기도 하다. 이해 몇년 전부터 나는 매년 한국(서울, 평택, 광주, 제주 등)을 방문했던 것으로 기억한다. 광주에서 횃불시위에 참가하면서 5·18 광주민중항쟁 직후에 오끼나와에서도 당시 오끼나와의 민중광장이라 할 나하시 요기(與儀)공원에서 광주의 민중항쟁에 연대하는 야외심포지엄이 열렸던 것을 떠올렸다.

우리가 한국을 방문했을 뿐만 아니라 한국에서도 매년 누군가가 찾아왔다. 예전부터 알던 사람도 있었으며 초면인 사람들도 있었다. 오끼나와와 한국의 합동집회에서 한국측 인사말에 관용구처럼 반복되었던 것은 "오끼나와에서는 연배가 있는 분들께서 일관되게 투쟁을 계속하고 계신 데 대해 경의를 표합니다"라는 문구였다. 우리는 이 말을 들을 때마다 '우찌아따이'(ウチアタイ)—이 말만큼 표준일본어로 번역하기 힘든 우찌나구찌, 곧 오끼나와말은 없지만 일단 '쓴웃음' 정도로 해두겠다—하고 있었다. 오끼나와에서는 한국 활동가들의 '젊음'이 선망의 대상이었기 때문이다.

어찌 됐든 한국과 오끼나와의 교류는 가속도가 붙듯이 확대되고 다양해졌던 것 같다. 주미본이라든가 오끼나와-

한국민중연대라는 조직의 틀을 넘어서 한국과 오끼나와의 다양한 운동체들이 다채로운 조합으로, 학습활동부터 실천적인 운동에 이르기까지 틀을 넓히며 전개해갔다. 오끼나와 신문사가 직접 평택과 매향리를 취재하거나 한국 텔레비전 방송국이 후뗀마와 헤노꼬를 취재하는 등의 일도 신기한 일이 아니었다. 오끼나와대학과 성공회대학의 제휴가 성립되고 상호 학생교환도 이루어졌다. 한국어를 익히는 젊은이들도 드물지 않게 되었다. 한국을 오가는 반기지운동 활동가들의 대부분은 한국어로 일상회화를 하는 데 불편함이 없다. 1986년 오끼나와대학에서 심포지엄을 했을 때 가장 고생한 것이 통역자를 구하는 일이었다는 점을 생각하면 격세지감이 든다.

2006년에 주미본에서 일하는 미야우찌 아끼오(宮內秋緒) 씨로부터 내가 그 전해에 출간한 『오끼나와 현대사 신판』을 서울대 대학원의 정영신(鄭永信) 씨와 함께 번역하고 싶다는 연락이 왔다. 정영신 씨는 정근식 서울대 교수의 오끼나와 기지문제 연구그룹에 속한 젊은 연구자로서 면식이 있었다. 한국어판 『오끼나와 현대사』는 2008년에 정근식 씨 등의 『기지의 섬, 오키나와』『경계의 섬, 오키나와』와 동시에 같은 출판사에서 간행되었다.

나아가『오끼나와 현대사 신판』은 2009년에 후 둥주(胡冬竹) 씨 번역으로 베이징 싼롄서점에서 중국어판이 출간되었다. 2010년 5월에『오끼나와 현대사 신판』의 한국어판과 중국어판 간행을 기념한 심포지엄 '아시아 안에서 오끼나와 현대사를 되묻는다'가 열렸다. 그 자리의 발표자와 주제를 소개하면, 야까비 오사무(屋嘉比收, 오끼나와대학교) '오끼나와 현대사를 동아시아 속에서 서술하는 가능성', 쑨 거(孫歌, 중국사회과학원) '오끼나와투쟁에서 배우다', 천 광싱(陳光興, 타이완교통대학교) ''지역'이라는 시점에서', 정근식(鄭根植, 서울대학교) '동아시아 분단체제를 해체하기 위하여'로 구성되었다. 이제 문화적·사상적 교류의 장은 중국과 타이완까지도 포괄하는 넓이를 지니기 시작했다. 그러나 아직까지는 지식인 차원에 머물고 있는 것처럼 보이기도 한다. 그 부분이 오끼나와-한국 간 교류·연대와의 차이이다. 오끼나와와 한국의 민중 사이에는 반기지투쟁이라는 실천적 과제가 공유되고 있는 것이다.

지금 한국과 오끼나와는 모두 세계적 차원의 미군재편에 직면하고 있다. 미군재편은 동맹국을 미국의 세계전략에 더욱 강하게 묶어두려는 의도를 갖고 있다. 오끼나와와 한국의 민중은 군사적 협력관계를 강화하고 있는 한·미·

일 국가권력과 대치하면서 스스로 미래전망을 열어나가는 수밖에 없다. 그 과정에서 일본이라는 국가 안에 자리매김 되면서도 독자적인 역사적 주체로서의 자각을 강화하고 있는 오끼나와의 역할은 결코 작지 않을 것이다. 격동의 2012년은 우리가 이제까지 해온 교류와 연대의 누적된 의의를 확인하는 것으로 다가와주리라 믿어 의심치 않는다.

대화 낮은 국경으로 만들어가는 동아시아 평화

때: 2013년 1월 24일 오후 5~7시
장소: 오끼나와대학교 회의실
대담자: 백영서(연세대 사학과 교수)

*

오끼나와 평화운동진영의 원로이자 오끼나와 현대사 연구의 선구자인 아라사끼 모리떼루 선생. 1936년 토오꾜오에서 태어나 토오꾜오대학교를 졸업하고, 1974년에 오끼나와대학교에 부임해 총장 등을 역임했다. 현재 오끼나와대학교 명예교수. 오끼나와 정치사와 사상 연구에서 많은 업적을 내는 한편, 한평반전지주회 등 오끼나와 주민운동에도 참가해왔다. 그의 신간의 한국어판 출간을 맞아 그의 사상을 좀더 상세히 한국 독자에게 전하고 싶어 옮긴이로서 나는 인터뷰를 요청했다.

약속한 날인 1월 24일 아침 인천공항에서 오끼나와행 직항편을 탔다. 비행기는 만석이었다. 승객의 대부분은 추운 겨울의 한국을 떠나 따뜻한 남쪽에서 휴식을 취하려는 관광객인 듯 보였다. 실제로 한국인에게 오끼나와는 어떻게 인식될까 알아보기 위해 인터넷에서 오끼나와 관련된 글들을 찾아보면 주로 관광지로서의 오끼나와 여행기가 나온다. '동양의 하와이'란 이미지로 알려져 있다.

그런데 아라사끼 선생이 만난 한국인들(주로 시민활동가와 오끼나와 연구자 들)에게 오끼나와는 미군기지가 있는 곳이고 반전평화운동의 거점으로 인식되어 있다. 한국인에게 오끼나와는 이처럼 두개의 서로 다른 이미지를 갖고 있고, 그래서 서로 다른 오끼나와를 보고 간다고 할 수 있다. 물론 다수의 한국인에게는 관광지로서의 오끼나와 이미지가 강하다.

내게는 이번이 세번째 오끼나와 방문인데, 내가 오끼나와 문제를 정면으로 의식하게 된 것은 얼마 되지 않았다.

그 계기는 2006년 계간 『창작과비평』의 창간 40주년 기념 행사로 열린 제1회 '동아시아 비판적 잡지 회의'에서 『케시까지』의 편집장 오까모또 유우꼬(岡本由希子) 씨가, 자신을 일본에서 왔다고 소개하는 사회자의 말에 일본이 아닌 오끼나와에서 왔다고 바로잡는 것을 들었을 때의 충격이다. 나를 비롯한 창비 편집위원진은 그때부터 본격적으로 오끼나와를 '발견'한 것이나 다름없다. 그리고 이 회의가 횟수를 거듭하면서 오끼나와에 대한 이해도 깊어졌다.

이번에 오끼나와에 갔을 때는 마침 오끼나와 현내 전체 41개 시·정·촌 수장과 현의회, 시·정·촌회(市町村會) 의원 등 약 100인의 대표단이 토오꾜오로 가 오스프레이배치 철회를 요구하는 집단행동을 하기 직전이었다. 미군기지와 미일안보의 의미를 되묻는 엄중한 시점에 이뤄진 대화라 더욱 뜻깊었다. (백영서)

한국과 일본의 보수정권, 그리고 오끼나와

백영서(이하 백) 오늘 이야기는 2013년에 한국과 오끼나와가 직면한 상황에 대한 점검부터 시작하려고 합니다. 한국과 일본 모두 2012년 말 선거결과 친미보수적 정권으로 정권교체가 이뤄졌지요. 이에 대한 평가랄까 전망을 듣고 싶습니다. 지난번 민주당정권 통치시기, 특히 하또야마 총리 집권시기에는 오끼나와 미군기지문제가 해결될 듯한 조짐도 보였지요. 지금은 좀더 우익적인 자민당·공명당정권〔自公政權〕이 출현했는데, 이것이 오끼나와의 평화운동에 어떤 영향을 미칠 것으로 보시는지요? 또한, 한국에서 2월에 취임하는 박근혜(朴槿惠) 정권이 오끼나와문제, 더나아가 동아시아의 평화에 어떤 영향을 미칠 것으로 보시는지요?

아라사끼 모리떼루(이하 아라사끼) 우선 자공정권, 즉 아베 정권과 관련된 문제입니다만, 민주당의 하또야마 정권은 오끼나와문제에 대해 기존 정권의 노선을 수정하고자 하는 이념을 내걸고 등장했다가 결국에는 무너졌지요. 민주당 정권은 그후에 자신들이 내세웠던 이념에서 점점 멀어지면서도 다른 한편으로는 자신들이 말했던 것에 매인 측면이 있었다고 봅니다. 하지만 아베 정권은, 오끼나와문제로 말하자면 하또야마가 잘못하지만 않았어도 자민당이 의도한 대로 일을 진행할 수 있었다는 것이 기본자세여서 역시 어떤 의미로는 오끼나와에 어려운 국면이 되었습니다. 아베 정권은 오끼나와의 향후 행보에 신경을 쓰면서 표면적으로는 정중하게 대응하겠지만, 실질적으로는 힘으로 밀

어붙일 것입니다. 그때 어떻게 대응할 것인가라는 점에서
오끼나와는 이제부터가 고비일 것이라 생각합니다. 다만
오끼나와 입장에서 보자면, 현 정권에서 오끼나와 지역구
의 국회의원이 같은 자민당에 속해 있으면서도 입장이 다
른 데서 보듯 '오끼나와 대 일본'(본토라거나 야마또라거
나 여러가지로 부르는 방식이 있습니다만)이라는, 요컨대
일본의 중앙정부와 오끼나와가 대치한다는 점에서는 이
번 선거결과로도 전혀 달라지는 바가 없습니다. 이번 일요
일(1. 27)에도 현의회와 시·정·촌장이 모두 토오꾜오로 가
서 오스프레이문제와 기지의 현내이설 반대 등을 요구할
예정입니다. 오끼나와 민중운동측에서도 참가자가 있습니
다. 후뗀마 등의 현장에서는 정문을 봉쇄하는 실력투쟁이
계속되고 있고 오끼나와 자체도 하나의 전환점을 맞이하
고 있다고 저는 생각하고 있습니다. 7월의 참의원선거에
대한 대응과 그 결과가 중요하겠지요.

한국의 대통령 교체가 어느 정도의 의미를 갖는지에 대
해서는 아직 잘 모르겠군요. 다시 말해서 이명박 정권과
박근혜 정권은 어떤 차이가 있는지, 예를 들어 민주당과
자공당 정도의 차이가 있는지 아니면 실제로는 이명박 정
권을 계승한 것일 뿐인지 잘 모르겠습니다만, 한·미·일 관

계는 아마도 민주당정권 시절, 그중에서도 특히 하또야마
정권 시절보다는 아베 정권에서 어떤 의미로는 더 긴밀해
지지 않을까요?

백 삼각동맹 같은 것을 말씀하시는 건가요?

아라사끼 네. 한·미·일의 긴밀한 공조는 오끼나와의 반
기지운동에 있어서도, 한국의 반기지운동에 있어서도—
제주도에서도 지금 기지건설을 반대하는 운동이 있지
요—그다지 긍정적인 것이 될 수 없겠지요. 무엇보다도
이 공조상황은 민중운동과의 역학관계에 의해 바뀌는 것
이겠지만 말입니다.

백 한국의 경우 이명박 정권과 박근혜 정권의 정책 차이
가 무엇일지 아직은 잘 알 수 없는 형편인 게 문제입니다.
근본적으로 같은 지지층을 갖고 있기 때문에 얼마나 차이
가 있을지는 모르겠지만, 지금 기대하는 것은 남북문제의
진전입니다. 남북문제에서 그래도 전보다 좀 나아지지 않
을까 기대하는 분위기가 있지만, 아직은 두고 봐야 알 것
같습니다. 한국의 야당과 시민운동 측에서는 박당선인이
선거운동기간 중에 내세운 '한반도 신뢰프로세스'를 가동
하도록 압력을 가하고, 그러지 않을 경우 비판하는 일이
중요하겠지요.

아라사끼 만약 남북관계가 개선된다면 매우 바람직한 일이겠지요.

백 물론 바람직하지만 지금으로서는 어찌 될지 잘 모르겠어요. 선생님이 말씀하신 제주도와의 관련에 대해 좀더 설명해주시겠습니까? 제주도 해군기지와 오끼나와의 미군기지는 관련이 있다고 보시나요?

아라사끼 네, 적어도 무관하지는 않다고 생각합니다. 제주도의 경우에는 미군기지가 아니라 한국군의 기지지요. 오끼나와의 헤노꼬에 만들고자 하는 것은 미군기지입니다. 하지만 미군이 이것을 어느 정도까지 필요로 하는 것인지, 또는 자위대가 장기적으로 사용하게 될 것까지 계산하고 있는지는 보이지 않는 부분이 있습니다. 미일 간 역할이 변화하는 데 따라서 기지의 공동사용이나 그 사용 주체가 미국에서 일본으로 바뀌는 일은 언젠가 일어날 수 있는 일이고, 제주도에서도 마찬가지 일이 일어난다고 생각하면 그 삼각동맹 안에서 비슷한 역할을 맡게 되는 게 아닐까요.

백 나중에 다시 중국문제에 대해 질문 드리겠습니다만, 이 문제와 관련해서 제가 여쭙고 싶은 것은 이 미군기지가 목표로 하는 대상이 기본적으로 중국인가 아니면 북한인가 하는 점입니다.

아라사끼 현실적인 군사력을 고려해 이야기하자면 북한은 국력이 그다지 크지 않기 때문에, 실제로는 중국과 미국의 관계에서 미국이 일본이나 한국을 어떻게 이용하고자 하는 것인지, 그리고 한국과 일본은 미국에 이용당하는 측면이 있으면서도 미국을 어떻게 활용할 것인지를 고려한, 그런 흥정이 있을 겁니다. 그리고 그 흥정은 역시 중국을 염두에 둔 것이겠지요.

백 선생님은 기본적으로 올해부터 한·미·일 삼각동맹이 강화될 것으로 보시나요?

아라사끼 그것이 점점 더 강화될지 여부는 정권의 움직임에 좌우되지만 한편으로는 역시 민중의 움직임에 따라 달라지겠지요. 일본의 경우를 말씀드리자면 일본 전체와 오끼나와의 입장은 전혀 다릅니다. 그리고 역사인식문제를 포함해 한국과 일본의 관계도 다릅니다. 지금의 아베 총리는 역사인식문제에 있어서는 우파로 정평이 난 인물입니다. 전(前) 아베 정권(2006년 9월~2007년 9월의 1차 아베 내각) 시절부터 역사인식, 야스꾸니와 위안부 문제, 오끼나와와 관련해서는 집단자결문제 등, 요컨대 구일본군의 부정적인 면을 어떻게 지워나갈 것인가에 역점을 두었지요. 지

금은 그런 경향에서 조금 뒤로 물러나 있지만 본질적으로
아베 정권은 그런 성격을 갖고 있어요. 그러나 예를 들어
한국의 박근혜 정권이 일본과 밀접한 관계를 가지려 한다
해도 그에 대한 한국민중의 비판이 있을 테니 그리 간단하
지는 않을 것이고, 또한 그것이 간단하게 이루어지지 않도
록 하는 것이 우리들 운동권 사람들이 갖는 공통된 입장이
라고 생각하는데요.

　백　한국의 다소 리버럴한 지식인들은 박근혜 정권이 일
본과 마찬가지로 보수적인 정권이지만 양자 사이의 친밀
한 동맹이 잘될 것인가 하면, 반드시 그러리라고는 생각하
지 않아요. 왜냐하면 좀전에 선생님도 말씀하셨듯이 역사
문제 같은 쟁점들이 있기 때문에 간단치 않다는 것이지요.
단, 한가지 강조하고 싶은 점이 있어요. 정부끼리는 보수
적이라 해도 한일 양국의 활동가들은 한국과 일본의 오끼
나와 민중 사이의 운동이 어떻게 영향력을 미칠까가 중요
하다는 것은 공통적으로 인식하고 있지요. 선생님이 말씀
하신 것과 일치한다고 봅니다.

　아라사끼　한국에는 아직 그러한 민중의 힘이 있고, 오끼
나와에도 있다고 생각해요. 하지만 일본 전체를 놓고 봤을
때 얼마만큼의 민중의 힘이 있는지, 즉 민중 차원에서 정

부비판을 할 수 있는지, 그리고 그런 힘이 언론계나 대중 운동 영역에 있는지를 보았을 때, 이 영역에서는 상당히 취약한 상황이지요.

백 그렇더군요. 저는 매년 새해 첫날 동아시아지역의 신문 사설을 읽고 있습니다. 올해도 일본의 『아사히신문』과 『요미우리신문』의 첫날 사설을 비교해 읽어봤어요. 『요미우리신문』의 사설에서는 강한 힘이 느껴지더군요. 국력을 유지하고 향상하기 위해 일본이 하지 않으면 안되는 정책들을 구체적으로 제시하고 있습니다. 이에 비해 『아사히신문』 사설은 기본적으로 비관주의자의 문장 같았어요. 국가를 상대화하는 근본적인 발상의 전환을 주창하는 『아사히신문』의 입장을 이해할 수는 있지만 그 바닥에는 어딘가 아베 정권 이후 일본 정세에 대한 깊은 비관이 깔려 있다는 느낌이 들었습니다. 제 느낌이 틀린 걸까요?

아라사끼 아니요, 저도 그렇다고 생각합니다. 한국, 오끼나와, 일본으로 나눠볼 때 제가 말하는 일본의 매우 취약한 부분이라는 것이 바로 그런 점에서 나타난다고 생각합니다. 그런 사례의 하나로 앞선 일본의 선거에서 오끼나와 기지문제가 거의 쟁점으로 다루어지지 않았다는 점을 들 수 있겠지요. 바꾸어 말하자면 오끼나와문제가 쟁점이 될

244

수 있을 정도가 된다면 일본도 달라질 것이라 생각합니다. 오끼나와만으로 그런 힘이 있을지 여부도 의문이기는 하지만요. 이번 주말(1월 27,28일)에 있을 토오꾜오에서의 대규모 행동이 『아사히신문』이나 다른 언론에서 어떻게 다루어질 것인가도 오끼나와의 힘에 달려 있다고 생각해요.

백 그것이 하나의 판단기준이 될 수 있겠네요.*

아라사끼 다만 그것이 어떻게 되건 간에 오끼나와는 오끼나와로서 노력해야 한다는 과제는 앞으로도 이어지겠지만요.

야마똔쮸와 우찌난쮸

백 오끼나와인들은 일본과 다른 오끼나와의 정체성을 강조하지요. 이 점을 잘 보여주는 어휘가 본토인을 야마똔쮸, 오끼나와인을 우찌난쮸라 부르는 오끼나와말일 겁니다. 오끼나와의 '구조적 차별'을 극복하기 위해서는 본토

---

* 귀국 후 조사해본 바로는 『아사히신문』이 1면에 2단 크기의 시위사진을 싣고 사회면에서 3단 크기 제목의 기사를 싣는 등 비교적 상세히 보도한 데 비해, 『마이니찌신문』와 『니혼게이자이신문』은 사회면 등에서 각각 2단 정도의 제목에 사진이 딸린 기사, 『요미우리신문』은 1단 크기의 제목에 11행의 짧은 기사를 싣는 등 보도 비중에 대한 판단이 엇갈렸다.

인과의 연대나 본토인의 사고의 전환이 없어서는 안된다고 봐요. 그런데 '구조적 차별'은 일본인의 '사고정지 상태'에서 이뤄져온 것이기 때문에 그 전환이 결코 쉬운 일은 아니지요. 이 책에 나오듯이 슈리성 설명문에 담긴 '위안부'나 일본군에 의한 '주민학살' 문구를 없애라는 요구가 거기서 나오는 것이 아닙니까(175면 참조). 그뿐만 아니라 자유주의적 논조를 펴는 『아사히신문』의 엘리트 기자조차 정부에서 거액의 진흥비를 받으면서도 미군의 후뗀마 비행장을 현내의 헤노꼬로 이설하는 데 반대하는 오끼나와인을 '제멋대로'라고 말할 정도잖아요(173면 참조). 이런 역사적으로 누적된 문화심리구조를 어떻게 바꿀 수 있을 것으로 전망하시나요?

아라사끼 어떻게 하면 넘어설 수 있는가 혹은 일본 전체를 바꿀 수 있는가 같은 문제는 그리 낙관적으로 청사진을 그려낼 수 있는 것이 아니지요. 그 정도의 것이었다면 문제는 오래 전에 해결되었을 겁니다. 다만 장기적인 시각에서 보자면, 예를 들어 오끼나와가 일본으로 반환된 지 40년이 되었다고들 하지만 그 40년 동안 다양한 기복이 있었고, 일본의 여론 자체도 오끼나와를 의식할 수밖에 없는 측면이 있었지요. 동시에 오히려 골이 깊어진 부분도 있습니다. 오끼나와가 그 독자성에 자신감과 긍지를 강화해온 측면도 있지요. 여러가지 다양한 변화가 있었기 때문에 전체가 단번에 우리가 희망하는 방향으로 바뀌는 것이 그리 쉽지는 않으리라 생각합니다. 하지만 그런 가운데서 여론조사 수치 같은 것들과는 다른 부분에 대해서도 눈길을 주어야 합니다. 무슨 말이냐 하면, 이번에 백선생님도 후뗀마나 헤노꼬를 방문하시리라 생각됩니다만, 그 현장에서 오랫동안 운동을 지탱해온 이들 중에는 비록 매우 소수지만 야마똔쭈도 있거든요. 제 식으로 표현하자면 통계적인 수치로 볼 때 전인구의 0.0몇%, 소수점 이하에 불과하지만 이들을 무시해서는 안된다는 것이지요. 사실 그 소수점 이하의 사람들이 지탱하고 있는 부분은 결코 작지 않습니다. 오끼나와는 일본의 100분의 1이니까 그것만으로는 지탱하지 못하는 부분을 일본의 0.1%의 세력—세력이라기보다는 사람들이지요. 세력이라고 말해버리면 노동조합이나 정당 같은 조직적인 힘을 상정하기 쉽습니다만 요즘은 정당이나 노동조합 같은 조직적인 힘은 약해지고 있으니까요—으로서 함께 오끼나와를 지탱해주는 사람은 개인, 한 사람 한 사람의 인간입니다. 그 사람들이 해낸 역할, 하고 있는 역할이 조금씩 커져간다는 느낌이 들어요. 그 부분이 제게는 실마리로 다가옵니다. 아주 큰 기대는 할 수 없지만, 그런 부분에서부터 다양하고 장기적인 변화가 생겨나는 것이라고 생각해요.

백 그 전망과 3·11동일본대지진 이후의 분위기는 관계가 있나요? 3·11 후의 분위기에서, 예를 들면 토오호꾸지방 민중과 오끼나와 민중은 연대할 수 있을까요? 후꾸시마와 오끼나와 모두 국가에서 받는 복지보조금을 댓가로 원자력발전소나 군사기지를 강요당하는, 차별받는 주변이라는 공동운명체의식이 3·11 이후 싹트고 있는 것은 아닌가요?

아라사끼 그것은 도식적인, 그림으로 그린 듯한 형태가 되지는 않으리라 생각합니다. 확실히 말로는 그런 언술이 많지만 그것이 정말로 이어진 것인지, 연대해나갈 것인지는 앞으로의 문제라고 생각합니다. 향후에 예컨대 재난지문제, 원자력발전소문제, 그리고 군사기지문제 같은 것들이 서로에 대한 이해를 심화해갈 것인가 여부는 앞으로 우리가 어떻게 해나가는가와 관련된 것이지요. 그러한 언술은 많이 나왔고 분명 직감적으로는 의식하는 부분이 있다고 생각합니다. 즉 눈에 보이지 않는 곳에 모순이나 위험한 것들을 몰아넣고 그 결과는 모순이 집중된 쪽이 감당하는 구조야말로 제가 이야기한 '구조적 차별'입니다.

백 후꾸시마와 오끼나와는 구조적으로 차별당한 두개의 주변적 존재라고 할 수 있겠지요.

아라사끼 네, 그런 점을 원자력발전소 사고를 계기로 의식하게 된 것은 틀림없습니다. 다만 그때 직감적으로 의식하게 된 것 또는 언어로 표현된 것이 앞으로 오랜 기간에 걸쳐서 일본이라는 국가나 사회를 바꾸어갈 힘이 될 수 있을지에 대해서는, 아직 복잡한 과정을 거쳐야만 할 것이라고 봅니다.

구조적 오끼나와 차별과 미군기지

백 저는 선생님이 방금 말씀하신 '구조적 차별'이란 개념을 처음 읽었을 때 "아, 맞네, 바로 이거네!"라고 할 정도로 감명을 받았어요. 그런 만큼 이번에 한국에 소개되는 『오끼나와, 구조적 차별과 저항의 현장』은 오끼나와문제의 핵심을 압축적으로 설명하는 꼭 필요한 책이라 생각합니다. 선생님이 말씀하시는 '구조적 차별'이란 일본인이 사고정지 상태 속에서 '오끼나와 미군기지의 존재를 당연시하는 것'을 의미합니다. 그것은 일본·미국·오끼나와 기지 등 여러가지 요소가 얽힌 구조이고, 미일안보체제 유지에 불가결한 요소이기에 미일안보조약 이래 수십년간 지속되어온 것이지요.

오끼나와의 역사를 조금 아는 사람이라면 사쯔마번의 류우뀨우왕국 침략(1609)이라든가 메이지정부가 류우뀨우왕국을 하나의 현으로 재편한 제1차 류우뀨우처분(1879), 종전 후 미군의 군정 시작(이른바 1952년의 제2차 처분) 및 1972년 오끼나와의 본토복귀(제3차 처분) 같은 일련의 역사적 사건을 떠올리면서, 오끼나와 주민의 운명을 결정지은 중요 사태가 모두 외부 권력기구에 의해 위로부터의 일방적인 주도로 이뤄진 데서 일종의 민족차별에 대해 생각지 않을 수 없겠지요. 그런데 선생님은 이런 역사에서 발생한 차별감정 자체를 강조하기보다는 이런 차별감정도 이용해가면서 정책적으로 되풀이 강요해온 '구조적 차별로서의 미일안보'를 더 중시하는 편입니다. 그렇다면 미일안보, 특히 그 핵심인 기지문제가 어느정도 오끼나와 주민이 원하는 대로 개편되거나 폐지된다면 구조적 차별은 해소된다고 보시는 건가요? 다시 말해 구조적 차별을 해소하는 방법이랄까 과정에 대해 묻고 싶습니다.

아라사끼 최신간인 이 책에서 제가 말하고 싶었던 것은 지금 가장 중시해야 하는 것은 현재 일본정치의 기본적 구조라는 점입니다. 일본정치의 기초에는 미일관계가 있고 이 미일관계는 미국의 국익중심, 미국패권 유지의 구조를 갖고 있어서 대등·평등한 것이 아니다, 따라서 미국과 일본 사이에는, 특히 일본민중이 보기에는 커다란 불이익과 모순이 있다, 모순이 드러나면 미일관계가 나빠진다, 모순을 숨기기 위해서는 그 모순을 한군데로 몰아넣어둘 장소가 필요했고 오끼나와는 그 장소로 자리매김되었다, 구체적인 한 예가 주일미군기지의 집중이다, 현재 일본정치의 기본적 구조는 구조적 오끼나와 차별 위에서 성립했다는 것입니다.

오끼나와에 기지가 집중된 것을 당연시하거나 어쩔 수 없는 것이라고 받아들이는 야마똔쭈의 감각의 근저에는 역사적 배경을 지니는 일종의 민족적 차별도 있을 것입니다. 구조적 오끼나와 차별은 그런 점을 이용하고 있지만, 그러나 기본적으로는 전후의 문제라고 생각합니다. 일본이 전쟁에 지고 미국이 연합국이라는 이름으로 일본을 점령해 만들어낸 점령정책, 그리고 그 안에서 천황제를 이용하고, 일본을 미국의 하위동맹자로 자리매김하고, 오끼나와를 분리, 군사지배하는 세가지를 한데 묶어냈던 것이지요. 이것이 구조적 오끼나와 차별 위에서 성립한 일본의 정치입니다. 미국이 만들어낸 이 구조를, 역대 일본정부는 유지하는 데 그치지 않고 자신들도 적극적으로 이용해왔습니다. 정치적 투쟁의 과제는 우선 그러한 정치적 구조를 부수는 것입니다. 그것은 군사기지의 문제라기보다는 주일미군기지로 상징되는 일본정치 내지는 미일관계의 왜곡됨에 관한 것입니다.

민족적 차별은 어떤 의미에서는 다양한 차원에서, 정치적 투쟁 같은 차원이 아닌 데에서 해소되어야 할 부분도 있다고 생각합니다. 언론의 발달이나 국경을 넘어선 다양한 문화와 사람의 교류와 그에 수반되는 상호이해 같은 것들 안에서 말이지요. 예를 들어 한류의 유행이 있지요. 어떻게 그런 것이 갑자기 나타나게 되었는가. 한편에서는 조선인에 대한 차별도 있었을 텐데 어느샌가 한류가 유행하기 시작했지요. 비슷한 일이 오끼나와와 관련해서도 일어났습니다. 오끼나와에는 언제부터인지 '치유(힐링)의 섬' 내지 백선생님의 표현으로 '동양의 하와이' 같은 이미지가 생겼어요. 오끼나와 출신 연예인이나 오끼나와의 문화나 음악 들이 일본사회를 풍미하는 과정에서 민족차별 같은 것이 보이지 않게 된 측면이 있어요. 하지만 보이지 않게 되거나 없어진다 해도 정치적 구조는 정치적 투쟁으로 타파하지 않는 한 계속해서 남아 있는 겁니다.

백 그렇다면 구조적 차별을 해소하는 방법과 과정의 핵심은 역시 안보문제겠지요? 이 문제를 어떻게 해결할까에 대해서 좀더 구체적으로 들려주세요.

아라사끼 네, 미국과 일본, 그중에서도 일본을 중심으로 보면 미일안보입니다. 아까의 이야기로 돌아가면 미국은 기본적으로 일본과 관계를 맺고 한국과의 관계도 만들고서, 대항세력으로는 항상 중국을 상정합니다. 하지만 냉전 때와는 달리 경제적으로는 미국과 중국 간에 상호의존하는 부분이 생겼지요. 그것은 미국과 중국뿐 아니라 일본과 중국, 한국과 중국도 마찬가지입니다.

백 경제적 영역과 정치적·군사적 영역의 비대칭관계가 나타난 것이지요.

아라사끼 그렇기 때문에, 결탁하기도 하고 다투기도 하는 와중에 주도권을 쥐고자 하는 것이지요. 그런 의미에서는 역시 미국의 존재, 그리고 그에 대항하는 중국의 움직임에 따라 우리의 입장이 드러날 것이라고 생각합니다. '우리의 입장'이라는 것은 일단 '국가간 힘의 충돌을 최대한 피하고 평화적인 국제환경을 만들기 위해 국경을 넘어서 손을 잡고자 하는 민중의 입장'이라고 상정하겠습니다.

여하튼 기지를 반대한다는 것은 그런 일이라고 생각합니다. 군사적 충돌 같은 부분을 조금씩이라도 무너뜨려나가는 것이 필요하지 않을까 생각합니다.

백 그렇다면 반기지운동을, 비유하자면 '입구'라고 할 수 있을까요? 미일안보문제를 해결하는 입구 같은 것이라고?

아라사끼 입구라고 해도 좋을지, 어쨌든 계기라고는 생각합니다. 오끼나와 반환으로부터 40년이 지났고 안보가 곧 구조적 오끼나와 차별이라는 점을 적어도 오끼나와에서는 잘 볼 수 있게 되었어요. 그 구조까지는 보지 못하는 사람들도, 고작해야 국토면적의 0.6%밖에 되지 않는 오끼나와에 주일미군기지의 75%가 집중되어 있는 것은 이상하다, 이것은 차별이라고 말하기 시작했습니다. 1월 27,28일의 행동에 오끼나와의 모든 시·정·촌장이 나서서 행동하는 것에 대해, 이 문제의 근본에는 안보가 있다고 생각하는 사람들과 이 문제는 차별의 문제라고 말하는 사람들이 있었습니다. 그러던 것이 지금 하나가 되어가고 있다고 생각합니다. 미일관계에 안보가 반드시 필요하다면 기지에 대해서도 평등하게 부담하라는 것이 지금 오끼나와에서 보수적인 입장의 사람들 대다수가 주장하는 바입니다.

오끼나와의 보수파도 차별은 용납하지 않겠다고 말하기 시작한 것이지요. '이것은 차별이다'라고 말하기 시작하면 차별당하는 쪽은 그 차별을 용인할 수 있을 리 없지요. 더 이상 물러날 곳이 없다는 점을 정확히 인식하면 앞으로 나아가는 수밖에 없으니까요. 이 구조적 차별이 조금씩 흔들리기 시작하고 있습니다. 그런 의미에서 지금이 하나의 기회랄까, 전환점이라고 생각합니다.

오끼나와의 독립론에 대해: 이자까야 독립론

백 그러면 다음 질문으로 넘어갈까요. 이 구조적 차별을 넘어서는 과정에서, 혹은 해결하고 나서 오끼나와에 어떤 사회를 만들려고 하는가의 문제와 관계됩니다. 앞의 질문과도 연결되는데, 구조적 차별의 해소란 곧 오끼나와의 독립을 의미하는가 하는 질문을 외부인들은 쉽게 하게 됩니다. 근대사를 경험한 우리의 역사적 상상력은 국민국가 중심의 사고에 갇혀 있기 때문이지요. 선생님은 다른 글에서 오끼나와 독립을 원하는 사람은 극소수이고 그것을 '이자까야(居酒屋, 선술집) 독립론'이라고 비판한 적이 있습니다. 오끼나와 독립은 이웃 나라들과의 갈등을 초래해 동아시아 평화를 오히려 해칠 가능성이 높다고 보시더군요. 제가 알기로 선생님은 오끼나와의 자치권 강화를 통해 일본국가 개조를 촉구하고 더 나아가 그 배후에 있는 미일동맹에도 파장을 미치는 것을 기대하시는 것 같은데, 이에 대해 들려주시지요.

아라사끼 각각의 지역사회, 예를 들어 오끼나와에서는 오끼나와가 자신들의 일은 기본적으로 자신들이 결정할 수 있는 자기결정권을 확립한 상태를 만들어내는 것이 바람직하다고 생각합니다. 그런 상태는 어떻게 만들어지는가, 그것이 독립인가, 문제는 거기에 있겠지요.

저는 오끼나와 사람들이 자기 일을 스스로 결정할 수 있는 상태를 점차적으로 만들어나가는 데 여러가지 수단이 있다고 생각합니다. 저는 독립을 부정하지는 않습니다. 독립이라는 방법도 있을 수 있겠지요. 그리고 지금 일본헌법에도 지방자치를 존중해야 한다는 점이 분명히 명시되어 있습니다. 그런데 현실에서는 이 헌법에 명시된 지방자치라는 것이 그리 활발하지 않습니다. 오끼나와섬 전체가 반대해도 강요한다는 건 자치를 존중하지 않는 것이니까요. 자기결정권을 행사하지 못하고 있으니 그것을 행사해야만 하는데, 이때 독립이라는 것이 목적과 수단 중 어느 쪽인지를 정해야 합니다. 저는 그것이 수단이라고 생각합니다.

수단은 여러가지가 있을 수 있고, 예컨대 자기결정권을 갖
는다고 할 때도 자치를 확대해가는 방법이 있는가 하면,
단번에 독립하는 경우도 있겠지요. 각각의 상황에 따라 유
연하게 선택해야 하는 문제라고 생각합니다.

　예를 들어 오끼나와보다 훨씬 작은 나라인데도 독립해
서 UN에도 가입한 나라가 있지 않습니까. 팔라우(Palau)
는 인구가 2,3만명인 독립국이지요 그런데 팔라우가 독립
은 했을지 모르지만 자립하고 있는 것인가라고 저는 묻고
싶어요. 팔라우는 애초에 비핵헌법 등을 만들어서 독립하
고자 했지만 결국 미국이 그것을 인정하지 않았기에 지금
은 미국의 경제적 지원 등을 통해서만 독립이 유지되고 있
지요. 따라서 UN에서의 투표도 미국의 의향을 따르는 성
격의 투표밖에 할 수 없습니다. 저는 이것을 자립이라고
생각하지 않고, 그런 독립을 추구하는 것은 의미가 없다고
생각합니다.

　한편으로, 오끼나와에서는 일본에 복귀하고자 하는 운
동이 있었습니다. 미군의 지배에서 벗어나는 수단으로 복
귀를 추구했던 것이지요. 그 복귀운동이 잘못된 것이었는
가 아닌가에 대해서는 여러가지 논의가 있습니다. 이런 일
본에 복귀해봤자 무슨 의미가 있는가 같은 생각들이지요.

저는 1960년대 초반부터 복귀는 목적이 아닌 수단이라고 이야기해왔어요. 오끼나와의 현상황을 타개하는 수단으로 여기지 않고 마치 복귀하면 모든 것이 해결된다는 듯이 복귀를 목적으로 이해하는 것은 잘못이라고 말이지요. 그 무렵에는 정서적이랄까 감정적으로, 예를 들어 '아이가 어머니 품으로 돌아가고 싶어하는 것같이' 하는 식의 슬로건이 많았습니다. 그러나 복귀든 독립이든 간에 그것은 수단에 지나지 않거든요. 그러니 잘 사용할 수 있는 수단인가와 관련해서, 지금의 상황을 면밀히 살펴본 뒤에 그것이 가장 좋은 수단이라면 독립도 괜찮을 것이라고 생각합니다. 이런 가운데서 '이자까야 독립론'이라는 말이 나왔습니다만……

백 '이자까야 독립론'이란 표현은 아주 재밌고 풍자적이에요.

아라사끼 '이자까야 독립론'이라는 말이 본래 취지와 다르게 제멋대로 의미를 갖게 되면 곤란합니다. 특히 1990년대 후반의 일입니다만, 지금과 마찬가지로 일본정부와의 대립이 심해진 시기가 있었어요. 그런 때 술기운이 돌면 이제 이렇게 되었으니 독립을 해야 한다고들 기세등등하게 얘기합니다. 말은 그렇게 하지만 술집에서 밖으로 나서면 입을 다뭅니다. 오끼나와에는 일본정부가 기지를 강요하기 위해 다양한 경제원조 등을 하고 있는데, 그런 일상생활에 완전히 물들어 있으면서 술 마실 때만 독립 같은 말을 해본들 그것은 무의미한 이야기지요. '이자까야 독립론'이라는 말을 통해서 제가 이야기하고 싶었던 것은, 독립이라고 말하는 이상 이러한 경제적 지원도 모두 끊어낸 일상 속에서 이야기해야 한다는 것입니다. 즉, 정서적 독립론은 정서적 복귀론을 뒤집어놓은 것에 불과하다는 이야기를 하고자 한 것입니다.

그리고 생각해보아야 할 또 한가지 사항은 지금의 국제정세, 예를 들어 동아시아를 휩싸고 있는 이런 정세 속에서, 작은 무인도(센까꾸/댜오위다오)를 둘러싸고 국가들이 쟁탈전을 벌이려고 하는 지금 이때에, 오끼나와가 독립을 하겠다고 하면 어떤 일이 일어날 것인가를 생각해야 한다는 점입니다. 저는 현대사에서 하나의 비참한 교훈이 유고슬라비아 해체라고 생각합니다. 유고슬라비아는 하나의 민족이 하나의 국가를 만든 경우가 아니었습니다. 다민족 공생의 실험장 같은 국가였지요. 본래 다양한 민족이 사이좋게 지내야 함에도 불구하고 민족적 대립으로 인해서 분열되었습니다. 그때 민족주의적인 지도자들이 국내의 다양한 차별과 경제적 격차 같은 것을 이용해 독립의 방향으로 분위기를 몰아간 것이지요. 그렇게 되면 제국주의국가라고도 할 수 있는 독일·미국·러시아 같은 여러 대국이 그곳에 개입을 해옵니다. 그 결과는, 예를 들어 보스니아·헤르체고비나처럼 민족이라는 문제가 개입되면 될수록 비참한 결과를 낳는 거예요.

백 그게 역사의 실상이지요.

아라사끼 그렇지요. 그렇기에 그런 일들에서 어떤 교훈을 얻을 것인지가 중요합니다. 독립이라는 말을 할 때는 주변의 국제환경 같은 것을 냉철하게 바라보고 전망을 세우면서 자신들에게 있어 독립이 어떤 의미를 지니는지, 그리고 주변의 다른 나라들은 그것을 어떻게 여기는지 생각해야 한다는 말이지요. '오끼나와는 독립하겠다'라고 말하면 일본이 '아, 그렇군요. 그럼 독립하세요'라고 말할지 어떨지 알 수 없지요. 물론 절대로 그렇게 되지 않겠지만 말입니다.

그리고 중국은 어떻게 나올 것인가의 문제도 있습니다. '아, 맞아. 류우뀨우는 원래 우리 지배 아래 있었지'라고, 소수지만 지금도 그렇게 이야기하는 사람들도 있으니까요. 다양한 요소들이 움직여서 동아시아의 평화는커녕 분쟁의 씨앗이 될 여지가 있습니다. 저런 작은 무인도를 사이에 두고도 '우리 고유의 영토다'라고 옥신각신하지 않습니까. 국가라는 것은 그런 성격을 갖고 있습니다. 지금 필요한 것은 새로운 국가를 만들기보다 최대한 국경을 낮게 만들고 국가를 상대화해나가는 것이 아닐지요. 그런 모든 것까지 파악한 상태에서 자기결정권을 확립하고 평화를 조성한다는 목적을 추구하는 수단으로서 독립이 하나의 선택지로 존재한다면 좋겠지만, 지금은 그것을 선택할 수 있는 상황이 아니라고 저는 생각하고 있습니다. 지금은 하나씩 하나씩, 예를 들어 기지를 없애는 것 같은 일을 통해서 자신들의 의사가 반영될 수 있는 상태를 만들어나가는 것이 필요합니다. 이것에 공명하는 사람들이 지금 많이 있습니다. 오끼나와에서도 보수와 혁신, 안보를 인정하는가 인정하지 않는가의 대립은 있지만, 기지를 이렇게 강요당하는 것은 싫다는 데 대해서는 이제 대다수의 총의가 모아지고 있습니다. 강요하고 있음을 자각하지 못하는 야마똔쭈 중에도, 비록 소수점 이하의 소수라 할지라도 오끼나와와 함께하려는 사람들이 있지요. 게다가 한국에도 마찬가지 문제를 안고 있는 사람들이 있어서 그들과의 교류·연대가 1990년대부터 점점 늘어나고 있습니다. 그런 교류

와 연대 속에서, 우선 기지를 없애는 것 같은 구체적인 목
표를 실현해나가는 가운데 인간으로서의 긍지나 자신감을
확립하는 것이 필요하다고 저는 생각한다는 겁니다.

타이완과 오끼나와

백 이제까지 하신 말씀을 들으면서 저는 두개의 문제를
떠올렸습니다. 하나는 한국의 통일문제입니다. 오늘날 젊
은 세대는 단순히 통일 자체에는 흥미를 갖지 않아요. 예
전에는 하나의 민족이 하나의 국가를 갖는다는 관념이 강
했는데, 지금은 변했습니다. 하나의 민족이지만 두 국가
의 국민이 될 수 있다는 것이죠. 통일이라 해도 어떠한 통
일인가, 어떻게 통일을 이룩할 것인가란 문제에 대해 점점
더 논의하는 추세입니다. 그런 분위기 속에서 저를 포함
한 『창작과비평』 편집위원진의 입장은 '복합국가'라는 개
념을 만들어낸 데에 잘 나타납니다. 이것은 두개의 국가의
통일이 목적이라기보다 체제화된 분단의 온갖 해악을 극
복하는 과정을 중시하는 개념입니다. 선생님의 어법을 빌
려 얘기하면, 이때 통일이란 그 자체가 목적이 아니라 수
단입니다. 어떻게 하면 한반도 전체 주민이 좀더 인간다운
생활을 하게 만들 것인가, 어떻게 하면 그 과정에서 자기

262

결정권을 평화롭게 강화해갈 것인가 하는 과제가 목적이라는, 그런 공통점이 있다고 생각합니다.

또 하나는 타이완문제입니다. 타이완의 통일문제도 복잡하지요. 선생님도 잘 아시다시피 타이완사회에서는 타이완독립론도 강합니다. 한편, 타이완통일론도 통계수치로 보면 많지는 않지만 분명히 있지요. 통일이냐 독립이냐 하는 것이 목적이 아니라 수단이란 점에서는 타이완과 중국의 관계도 같은 것이 아닌가 합니다만, 이 두가지 문제와 관련해 선생님의 의견을 듣고 싶습니다.

아라사끼 최종적으로 타이완의 존재방식을 어떻게 할 것인지는 타이완사람들이 결정해야 할 문제입니다. 다만 지금은 하나의 중국이라는 국가간 합의가 있으니 그렇게 정리된다면 그것으로 괜찮겠지요. 하지만 타이완 안에서 다양한 논의가 있는 것이 좋고, 힘으로 밀어붙이는 식이 아니라 천천히 결론이 나는 방향으로 시간을 걸쳐서 나아가는 게 바람직합니다. 타이완사람들의 뜻을 존중하면서요.

타이완을 오끼나와와 관련지어 한가지 더 이야기하자면, 사끼시마의 미야꼬·야에야마·이시가끼·요나구니 같은 지역 사람들과 타이완사람들 간에는—일본이 타이완을 식민지로 삼았기 때문이라고 해버리면 더 할 말이 없긴

하지만—국경이 없던 시절에는 자연스럽게 다양한 왕래가 있었고 국경이 생긴 후에도 국경을 넘어선 여러가지 교류가 있었습니다. 백선생님이 『세까이(世界)』 2012년 6월호에 발표한 글에서도 인용하신 '국경교류추진 공동선언' 같은 데서 보듯 교류하며 함께 번영해나가자는 기운도 있습니다. 오끼나와와 미야꼬보다 요나구니, 이시가끼와 타이완의 거리가 더 가까울 정도로 두 지역은 지리적으로도 매우 가까운 곳이지요. 이쪽은 일본이고 저쪽은 중국이라는 그런 국가의 구분을 넘어서는 별도의 느슨한 생활권 같은 것이 있어서 좋고, 오히려 그런 면이 점점 발달하는 것이 국가가 전면에 나서는 데서 생기는 긴장관계를 줄일 수 있다고 생각해요. 그렇지 않으면 소위 변경이랄까 구석에 있는 국경지대는 국경으로 닫혀버려서 발전할 수 없거든요. 예를 들어서 요나구니와 이시가끼는 모든 생활물자를 야마또나 오끼나와섬에서 가져와야 하지요. 타이완과 교류할 수 있게 된다면 생활물자도 쉽고 싸게 손에 넣을 수 있습니다. 그런데 국가라는 벽이 생겨 입국관리나 세관 등등으로 장벽을 만들고, 이곳만은 예외로 해달라는 요청을 쉽게 인정하지 않습니다. 그러한 어려움을 예외조치를 통해서 점점 더 특별구역 같은 것으로 만들어갈 필요가 있어요. 일본은 여러가지 제도적인 예외조치를 적용한 특별구라는 것을 만들어놓고 있긴 하거든요. 그래서 요나구니에서는 정부에 국경교류특구라는 것을 만들고자 한다고 얘기했는데, 일본정부는 안된다고 막고 있죠. 그러한 국가의 벽을 얇게랄까 낮게 만들어가는 일은 독립과는 관계없이 계속해서 해나가야 할 필요가 있다고 봅니다.

신오끼나와정부에 대해: '부드러운 국가'

백 독립과 관련된 선생님의 주장은 '소국주의(小國主義)' 주장과 통합니다. 소국주의는 오끼나와가 스스로의 국가를 건설하자, 즉 소국으로 독립하자는 주장이 아니라 일본 전체의 대안적(alternative) 발전모델을 염두에 둔 것이라고 선생님은 말씀하신 적이 있지요. 미국이나 중국 같은 대국과 대응하는 일본의 새로운 발전모델을 추구하는 것이죠. 여기서 선생님의 입장과 비교해 이해하기 위해 두 가지 질문을 드리고 싶습니다. 하나는 강상중(姜尙中) 교수가 주장한 '비(非)패권적 중위국가(中位國家)' 구상과 어떻게 다른지, 다른 하나는 '신오끼나와주정부' 구상과 어떻게 다른지입니다.

강상중 교수는 일본이 미일동맹에 의존하면서 중국을

견제하고 미·중·일 삼극구조의 한 자리인 대국적 지위를 차지할 것인가, 아니면 '대국의식'을 버리고 '비패권적 중위국가'로서 이웃들과 다극적(多極的) 분산형 안전보장체제와 번영의 네트워크를 만드는 데 선도역할을 하기 위해 그것과 연동하는 국내질서를 짤 것인가를 물었지요. 이에 대해 어떻게 생각하시는지요?

또한, 올해『류우뀨우신보』가 신년사설에서 주장한 '신오끼나와주정부'는 선생님의 오끼나와문제 해법구상과 어떤 차이가 있는지 듣고 싶습니다. 이 사설에서는 2009년 9월 오끼나와 도주제(道州制)간담회(좌장 나까찌 히로시仲地博 오끼나와대 교수)에서 나까이마 지사에게 제언한 '특례형단독주 구상'이 참고가 되었다고 하지요. 그 제언에는 관세와 검역, 입국관리사무, 연안·국경경비 등 국가권한의 대폭 이양과 주둔미군에 대한 자주과세권 등의 내용이 들어 있고, '신오끼나와주정부'상(像)이 그려져 있습니다. 이 제언은 반기지투쟁을 오끼나와의 자기결정권 확립 내지 확대의 핵심적 표현으로 보는 선생님의 견해와 거리가 있는 것인가요?

아라사끼 그리 큰 차이는 없다고 생각합니다. 강상중 씨가 말하는 것은 일본 전체, 일본이라는 나라의 존재방식에 대한 이야기이고, 『류우뀨우신보』가 말하는 것은 오끼나와의 존재방식이 어떠해야 하는가에 대한 이야기지요. 비슷한 말로 제가 책의 제목으로 사용한 적이 있는 '부드러운 국가'라는 표현이 있습니다. 요컨대 군사력으로 힘을 과시하는 국가가 아닌, 더 부드럽게 주변과 우호관계를 유지하기 위해서는 어떻게 하는 것이 좋은가를 생각하는 국가지요. 국내적으로는 단일민족에 의한 전국일률의 똑같은 제도를 갖는 국가보다는, 다양한 마이너리티도 그 안에 포섭해서 그 독자성을 활용할 수 있는 국가가 되어야 할 것입니다. 그리고 그러한 예로는 오끼나와대학 교수인 나까찌 히로시 씨 등이 제창, 구상하는 방식도 괜찮다고 생각합니다. 이 구상은 일본정부가 지금의 도도부현(道都府縣)제를 개정해서 도주제로 만들려는 데 대해 문제제기를 하고 있습니다. 일본을 어떻게 도주관계로 나눌 것인가 하는 논의에서 오끼나와는 작으니까 큐우슈우와 오끼나와를 하나의 도나 주로 묶어버리자는 의견에 대해, 오끼나와는 오끼나와로서 아무리 작더라도 독자적으로 꾸려나가자는 것이 이 제안입니다. 저는 이러한 제기방식은 필요하다고 봅니다. 다만 도주제 논의는 민주당정권 이전의 자공정권 시절에 제기된 이래로 논의가 멈춘 상태라서 오끼나와의 그런 문제제기가 앞으로 어떻게 다루어질지는 아직 불투명하지요.

백 도주제가 제기된 것은 이전의 아베 정권 때인가요?

아라사끼 도주제 구상은 코이즈미 정권 시절에 제기되었습니다. 국가재정을 가볍게 하려는 의도가 바탕이 되어 나온 것이지요. 그렇기에 오끼나와가 이런 제안을 했을 때 잘 풀려가기는 쉽지 않겠지만, 지방에 최대한 권한을 둔다는 의미에서 하나의 흥미로운 제안이라고는 생각합니다. 다만, 이 인터뷰를 시작하기 전 우연히 요 앞에서 나까찌 히로시 씨를 만나서 조금 이야기를 나누다가 우리 대화의 질문 중에 제가 여태껏 간과한 것이 있는 걸 발견하고 그에게 물어보았습니다. 당신들의 제안에는 연안·국경경비의 권한이양도 들어 있었군요, 하고 확인했더니 '지금은 매우 어려울 겁니다. 지금이었으면 제안할 수 없었을 것 같아요'라고 말하더군요.

백 '지금은 어렵다'는 말씀은 어떤 의미인가요?

아라사끼 그들은 해상보안청의 권한도 부분적으로 지방에 이양할 것을 구상했던 것 같은데, 센까꾸문제 같은 일이 발생하면 그와 관련된 영역은 손을 대기 어렵다고 제창한 당사자가 얘기한 것이지요. 자치를 확대해간다는 방향성에서는 여러가지 선택지가 있는 것이 좋다고 생각합니다. 다만 매번 상황에 맞춰가면서 조금씩 수정하거나 재검토하면서 진행할 필요가 있겠지요. 그 과정에서 중앙정부가 사이사이 여러가지 사항을 바꿔치기하는 것을 경계해야 합니다. 예를 들어 지금 오끼나와가 다양한 보조금을 받는데, 조건부가 아니라 오끼나와의 판단에 따라 사용할 수 있는 일괄보조금으로 줄 것을 요구하면 민주당의 노다 정권은 그것을 인정했지요. 자공정권도 이 부분을 틀림없이 계승하겠다고 말하고 있지만, 노다 정권도 아베 정권도 이면에서는 기지를 강요하고 싶다는 저의가 너무 뻔하게 보이거든요. 그런 부분들이 바꿔치기 당하는 일이 없도록 하면서 어떻게 자치와 자기결정권을 요구할 것인지가 과제라고 생각합니다.

단기·중기·장기적 전망에 대해

백 말씀을 계속 들으면서 새삼 느낀 것은 선생님이 강조하시는 '구조'가 제가 이해하는 한 구조적 인식이랄까 인식의 구조의 문제이기도 하다는 점입니다. 즉 선생님에게는 단기과제와 중기 또는 장기 과제가 서로 연결되어 있다는 것입니다. 단기과제란 예를 들면 기지반대운동 같은 구체적인 과제지요. 일반적으로 학자·연구자 들의 인식은 단기·중기·장기, 이 세 단계 혹은 시기를 각각 분리하는 경향이 강한 데 반해 선생님에게는 이들이 어떻게 결합되는가, 또 어떻게 결합해 실천할 것인가 하는 사고방식이 아주 강하다고 생각합니다. 선생님의 경우 단기과제는 기지반대운동, 그리고 중기와 장기 과제는 예를 들면 앞서 얘기한 독립을 둘러싼 논의에서 표출된 주제가 되겠지요. 장기적 과제만 강조한다면 지식인들의 논의가 보통 그렇듯이 추상적인 것에 그칠 위험이 클 텐데, 선생님에겐 이들을 하나로 연결지어 파악하고 일관해서 실천하려는 자세가 강하다고 생각합니다.

아라사끼 글쎄요, 제가 그리 장기적인 전망을 갖고 있다고 생각하지는 않지만 역시 현실문제를 대할 때는 그런 전망이 있어야 한다고 봅니다. 예를 들어 앞에서 말한 독립 이야기는 지극히 장기적인 부분에서 설정되어야 할 문제로, 지금 독립을 제기한다면 어떻게 독립에 이를 것인지를 확실하게 제시해야겠지요. 독립을 주장하는 사람들이 오끼나와의 기지문제를 어떻게 생각하는지 잘 모르겠지만 저 같은 경우에는 지금 당면한 중심과제는 역시 반기지 투쟁이라고 생각합니다. 요컨대 평화를 지향하는 것이 중

요한 일입니다. 물론 그것만이 사회적 과제의 전부는 아니
고 오끼나와가 경제적으로 어떻게 자립해나갈 것인가 같
은 문제도 함께 생각해야만 합니다. 하지만 기지에 반대하
는 것이 경제적 자립을 저해하는가 하면 결코 그렇지 않
고, 오히려 경제적 자립에 다가서는 방법일 것이라고도 생
각합니다. 그것은 보수파 지도자인 나하시장 등도 이미 주
장하고 있는 것입니다. 기지가 얼마만큼의 경제효과를 낳
았는가. 예를 들어 군용지 사용료와 정부의 다양한 교부금
등을 모두 합친다 해도 반환된 군용지 철거부지가 현재 산
출하는 경제효과는 여타 부문의 경제효과의 크기와 비교
가 되지 않아요. 틀림없이 기지는 경제적 발전을 저해한다
는 인식이 보수파들 가운데도 정착하고 있습니다.

그리고 경제문제만 해도 역시 오끼나와사회만으로 해
결할 수 있는 문제, 일본 전체와 연결된 제도적인 문제 등
다양한 문제들이 있지요. 특히 경제적 격차를 어떻게 시정
해 평등한 사회를 만들어갈 것인가에 대해 여러가지로 생
각해야겠습니다. 하지만 그에 관해서도 저는 역시 지금의
반기지, 그리고 장기적으로는 평화라는 문제를 어떻게 경
제적·정치적으로 결부해갈 것인가라는 의식 속에서 다양
한 사람들이 협력해 전체 사회의 구상을 만들어가야 한다

고 생각합니다. 저 자신에게 거기까지 구상할 수 있는 힘
은 없습니다만, 그런 큰 목표를 세우면서 한걸음씩 나아가
는 것 외에는 방법이 없으리라는 것이지요. 우리가 전후
오랫동안 살아왔는데, 예를 들어 전후세계를 기본적으로
틀 지어온 동서냉전이 해소되고 소련이 붕괴하리라고 누
가 예측할 수 있었을까요. 실제로 그 일들이 일어나기 몇
년 전까지만 해도 아무도 예측하지 못한 사태였지요. 앞
으로도 어떤 사태가 일어날지 알 수 없지만, 유고슬라비
아 해체에서 무언가 배우듯 우리는 이제까지의 역사에서
배우면서, 될 수 있는 한 다툼이 없고 마이너리티도 평온
하게 존재할 수 있는 사회를 향한 현실적 과제를 과거·현
재·미래를 오가며 생각해봐야 하지 않을까 싶습니다. 군
사기지문제도 마찬가지입니다.

기지에 대한 본심과 명분

백 지금 선생님이 말씀하신 것은 오끼나와 내부의 문제
와도 관련되지요. '구조적 차별'을 극복하는 데 작용하는
또다른 장애물은 우찌난쭈 개개인 내부에도 있습니다. 주
변으로서의 소외감을 중앙과의 일체화로 해소하고 싶은
욕망도 무시할 수 없잖아요. 중앙정부나 국가로부터 소외

되고 이용당한 역사를 극복하고 역사주체로서 자신의 미래상을 추구하는 것이 쉬운 일은 아니지요. 또한 현재의 일상생활에서 미군기지가 이전할 경우 경제적 손실을 걱정하는 오끼나와 주민들도 적지 않을 것입니다. 이 책에서 지적하듯이 원칙적으로는 기지반대 입장에 서 있지만 속내는 현상황을 긍정하는 이런 괴리가 오끼나와의 현실이 아닐까요. 선생님이 이제까지 반전평화운동을 이끌어오시면서 오끼나와 주민 개개인의 내부 분열, 그리고 주민집단 내부의 정치적 분열에 어떻게 대처해왔는지 들려주시기 바랍니다. 이와 같은 장애를 극복할 희망의 동력은 어디에 있을까요?

아라사끼 매우 어려운 문제라서 대답할 수 있을지 모르겠습니다만, 명분으로는 기지에 반대하지만 본심으로는 기지가 있는 편이 더 좋다고 여기는 한 사람 안에서의 분열은 기지가 경제적 이익과 연결되어 있는 상황에서 생기는 것입니다. 오끼나와에서 그런 인식은, 앞서 말씀드린 나하시장의 인식에서도 볼 수 있듯이 점점 사라지고 있다고 생각합니다. 오끼나와에서는 기지반대가 전체 구성원의 보수적인 층까지 스며들어 매우 설득력 있는 주장이 되었습니다. 하지만 그래도 기지에서 직접적인 이익을 얻고자 하는 소수의 사람들이 정부와 결탁해 자신들의 요구를 대놓고 드러내는 현상은 있지요. 제가 오끼나와의 내부적인 문제에서 현재 가장 중요하다고 생각하는 것도 백선생님이 말씀하신 '주변으로서의 소외감을 중앙과 일체화하여 해소하고 싶다는 욕망도 무시할 수 없다'는 점입니다. 이 부분이 지금 매우 중요한 문제가 되고 있는 곳이 야에야마입니다. 그곳은 여태까지 보수와 혁신을 가리지 않고 타이완과 공동·공통의 생활권을 지향하고 있었음에도 불구하고, 센까꾸문제가 부상한 뒤로는 특히 일본 중앙의 우익적인 세력이 이 지역을 노려서 인간관계를 통해서 심하게 압력을 넣거나 포섭하는 방식으로 강하게 작용하는 장소가 됐어요. 그렇게 일본의 내셔널리즘에 휘말리는 면이 야에야마나 이시가끼에서는 아주 강해지고 있지요. '주변의 소외감을 중앙과 일체화함으로써 해소하고 싶다'는 생각에서 예컨대 교과서문제가 일본에서는 아직 소수파일 우익적 교과서를 선정하려는 움직임으로 나타나거나, 그런 성향의 교육장(教育長)을 무리하게 선정하려는 시장이 나타나는 등 이런 분열상태가 가장 고민스러운 부분이지요.

백 아베 정권 이후의 현상인가요?

아라사끼 아니요, 그보다 훨씬 전부터입니다. 중국어선

이 순시선과 충돌하고, 그로부터 조금 지난 무렵에는 홍콩과 일본 우익들이 센까꾸제도 상륙항쟁을 벌이는 등의 일이 일어났고, 그런 와중에 일본 정치가가 야에야마의 젊은 경제인들을 상대로 적극적인 활동을 벌여서 장기간 지속되던 혁신계열의 시정(市政)을 무너뜨리고 지금의 시장이 등장했어요. 혁신계열의 시정은 그것대로 너무 오래 지속된 면도 있었습니다만, 그렇다 해도 중앙으로부터 끊임없이 밀려오는 압력이나 이른바 인터넷우익의 압력 같은 여러 요소들로 인해서 그런 변화가 일어났지요. 요나구니에서는 주민들이 자위대유치파와 자위대거부파의 두 파벌로 두 동강이 나버리기도 했고……

백 경제문제 때문인가요?

과소화와 자위대 유치라는 고뇌의 관계

아라사끼 경제와도 관계되지만 애초부터 인구가 줄어들고 있지요.

백 아, 인구문제군요.

아라사끼 과소화현상입니다. 요나구니는 앞서 말했듯이 일본의 가장 끝자락에 있으면서 국경이 닫혀 있는 곳이지요. 이미 1982년에 바다 건너편 타이완의 화롄시와 자매도시협정을 맺고 근근이 홈스테이나 여러가지 일들을 통해서 연결을 유지해왔습니다. 그래서 그런 활동을 넓혀서 국경교류특구를 만들고자 했지요. 그런 시도가 정부에게 전부 부정당하는 가운데서 여러가지가 매우 불편해지고, 고등학교도 없는 등의 이유로 인구가 점점 줄어들고 있습니다. 이대로는 아무래도 안되겠다는 생각에 인구를 늘리기 위해서는 자위대를 유치하는 것이 어떤가라는 방향으로 촌장이 나아갔고, 이것이 센까꾸문제와 얽혀버린 것입니다. 그와 비슷한 일은 츠시마(對馬島)에서도 있었습니다. 인구가 줄어들고 있다, 그러니 자위대를 유치하자는 주장이지요. 하지만 자위대를 데려온 뒤에도 츠시마 인구는 계속 줄고 있어요. 그렇기에 그런 국경지대는, 츠시마의 경우를 보자면 한국 같은 주변 인접국과의 교류의 중요성이 제기되는 것입니다. 요나구니라면 타이완과의 교류 같은 식으로 말이지요. 하지만 실제로는 그런 방향으로 길이 열리는 것이 아니라 점점 더 궁지에 몰리고 있어요. 중앙의 일본 내셔널리즘에 선동당해 중앙과의 일체화를 통해 현상을 타개하려는 방향으로 움직이게 되는 것입니다. 사끼시마의 일부가 지금 그런 움직임에 밀려버려서 어떤 의미로는—제 느낌입니다만—오끼나와 전체보다 훨씬 더 일본 내셔널리즘이 강한 분위기가 형성되어버린 것 같아 염려스러워요. 그런 면을 풀어가는 방법을 오끼나와라면 오끼나와, 사끼시마라면 사끼시마 그 지역 내부에서 만들어나가야 합니다. 실제로 그런 운동들이 있고요. 지금 지역이 두 편으로 갈라져 분열해가는 상황을 어떻게 극복할 것인가에 대해서 앞으로 더 신경을 써야 합니다. 다만, 지금 얘기할 수 있는 것은 거기까지입니다. 이른바 변경, 국경지대에 위치하는 고립된 작은 사회의 자립번영을 어떻게 지향할 것인가. 이것을 위해서는 국경을 낮추어서 넘기 쉽게 하는 것 외에는 방법이 없다고 생각해요.

백 그렇군요. 작은 지역의 인구문제도 센까꾸문제 등을 통해서 중국과 일본이라는 국가의 문제, 즉 동아시아 전체의 문제로 전환되어버리는 것이 지금의 상황이구나 하는 생각이 강하게 듭니다. 따라서 우리의 화제는 중국문제로 자연스럽게 연결되는데요, 선생님이 지금 말씀하신 센까꾸문제는 일본정부의 민족주의를 강화하고 있지요. 또 일본정부가 어느 정도 민족주의에 의존하는가 하는 문제는 중국과 관계되고요. 중국문제와 관련해 의견을 듣고 싶습니다. 중국의 지금 정부와 민중은 별개라고도 말할 수 있지만, 동아시아의 긴장상황과 연관해서 지금의 중국정부를 어떻게 봐야 할지요?

오끼나와에서 본 중국

아라사끼 중국을 어떻게 볼 것인가는 매우 어렵고 골치 아픈 문제입니다. 저는 센까꾸를 둘러싼 이른바 중국과 일본의 국가주의 또는 내셔널리즘의 충돌이라는 측면에서 국가 고유의 영토 개념을 어떻게 상대화할 수 있을지 고민해왔고, 애초에 국가 고유의 영토라는 것은 존재하지 않는다는 관점을 오끼나와로부터 최대한 만들어내고자 노력하고 있어요. 중국이 어떻게 될 것인가에 대해서는 예측할 수 없는 면이 있지만 우리가 한때 지니고 있던 중국의 이미지와 상당히 달라지고 있는 건 틀림없지요. 전후에 중화인민공화국이 성립할 무렵 중국에 대해 갖고 있던 이미지가 어떤 의미에서 퇴색하고 있는 것은 틀림없고, 그 하나의 전환점으로 톈안먼(天安門)사건을 들 수 있을지도 모르겠네요. 그러나 중국이라는 국가가 어떻게 바뀔 것인가, 그것에 대해 우리는 어떤 작용을 할 수 있는가, 지금으로서는 모르겠네요.

백 선생님이 말씀하시는 '우리'란 오끼나와인만 가리키는 것은 아니지요?

아라사끼 그렇습니다. 여기서 '우리'란 오끼나와와 야마또에 상관없이 '중국 외부에서 새로운 중국을 기대하며 공감했던 사람들'이라고 이해해주세요. 그 '우리', 즉 일본 안에 존재하는 사람들로서는 일본정부의 배외주의 ─ 아베 정권은 틀림없이 그런 성격을 지니고 있습니다 ─ 를 비판하거나 억누르는 방향으로 다양한 운동을 전개할 의무와 책임을 갖고 있습니다. 그와 동시에 중국도 이제는 스스로의 역사인식에 입각한 미래전망, 동아시아의 지도자로서 동아시아의 평화적 국제질서의 존재방식을 제시해주면 좋겠다는 생각입니다. 중국 내부도 모두 같은 것은 아니지 않습니까. 중국의 국가권력과 다른 입장을 취하는 사람들도 많이 있지요. 중국이라는 국가권력과 관계없다고 하면 지나친 말이겠지만 '동아시아 비판적 잡지 회의'나 최근에 개최된 여러 회의 같은 것은 다른 차원의 사람들간의 교류를 늘려서 상호이해를 넓히고자 하는 활동이지요. 이런 일이 필요하리라 봅니다. 그와 동시에 중국정부를 상대로 힘을 쓸 필요도 있습니다. 솔직히 말해서 센까꾸문제 등에 대한 중국의 자세가 오끼나와 반기지운동의 발목을 잡는 측면도 있거든요. 그런 일은 최근까지는 전혀 없었던 것입니다. 중국이 그만큼 커졌기 때문이기도 할 텐데, 그 점을 중국측에 어떻게 전달할 것인가를 여러 방면에서 모색해야겠습니다만, 그 이상의 답을 저는 아직 내지 못하고 있어요.

백 저 자신 중국사 연구자이자 동아시아담론의 주창자로서 선생님에게 중국문제를 여쭤본 데는 특별한 이유가 있습니다. 아마도 냉전적 사고의 영향이겠지만, 미국-일본-한국의 남방 삼각동맹과 중국-러시아-북한의 북방 삼각동맹의 대립이라는 냉전적 인식틀로 동아시아담론을 보려는 사람들이 한국과 일본에 아직 있지 않나 싶어요. 예를 들면 동아시아공동체를 주장하는 사람에 대해 '네가 동아시아 개념을 제기하는 배경에는 친중국·반미국의식이 있지 않은가'라고 비판해오는 것이지요. 이런 사정도 고려해서 선생님이 중국 그리고 미국에 대해 어떤 관점을 갖고 계신지 듣고 싶었습니다. 중국에 대해서 들었으니 이번에는 미국에 대해 말하자면, 이 책에서 "재정적 제약 속에서 군사전략을 생각해야 하는 합리주의자"(101면)에게 오히려 기대할 바가 있다고 한 대목은 흥미로웠습니다.

현재의 쟁점인 동아시아 내부의 민족주의 갈등의 해법을 동아시아 각국이 적극 찾지 않고 그 갈등을 적당한 수준에서 방치하는 이유를, 각국이 미국과 맺는 양자관계에 주로 의존하는 탓으로 설명하는 시각도 있어요. 문제의 핵심을 '우리 안의 미국'으로 지목하는 것이죠. 선생님은 미국정부와 민중에 대해 기대를 걸고 계신지요?

아라사끼 이 책에서도 조금 소개했듯이, 작년(2012) 1월에 기지문제를 미국에 직접 호소하는 그룹이 오끼나와에서 미국으로 건너가 미국 정부와 의회를 상대로 여러가지 활동을 했습니다. 미국에서 기지문제를 대대적으로 호소하는 의견광고운동 같은 것도 벌였지요. 그것이 미국정부를 직접적으로 얼마나 움직일 수 있었는가는 시간이 걸려야 알 수 있겠습니다만, 중국과 미국이 약간 다른 점은 미국의회의 의원은 어떤 의미에서는 제각각인 측면이 있다는 것입니다. 소수긴 하지만 국가·정부가 통제할 수 없는 그런 리버럴한 일부가 있습니다. 이 책에서 이야기한 합리주의자란 그들의 국익을 고려하긴 하지만 돈이 없으면 아무것도 할 수 없다고 생각하는 사람들입니다. 그런 계산을 할 수 있는 인간이라면 그들의 논리를 이용해 여러가지 설득활동을 할 수 있습니다. 미국에 다녀온 사람들의 보고 등을 통해 받은 감상이니 중국과 미국에 대해 모두 단언할 수는 없겠지만, 그런 면에서는 오히려 지금의 아베 정권 주변보다도 가능성이 높다는 생각이 들 정도입니다. 어쨌

든 오끼나와의 우리들은 절망 따위는 허락되지 않는 입장
이니까요. 전후 역사에서 미국의 이미지도 변해왔지만, 중
국이나 미국에 대해 국가권력만을 갖고 친중이나 반미를
얘기해서는 안된다, 다른 상호이해의 경로를 지금 오끼나
와의 우리가 만들어가야 하는 시대가 되었다는 느낌이 들
어요. 얼마만큼 이루어낼지 단언할 수 없지만요.

한반도와 오끼나와, 또는 한반도와 일본의 연대운동

백 시간이 벌써 이 대화를 정리할 때가 되어가네요. 선
생님은 이 책의 「부록 1 오끼나와와 한국의 연대에 대해」
에서 고교시절부터 한반도 분단을 일본과 오끼나와의 분
단에 겹쳐서 생각했다, 그리고 1990년대부터 한일민중연
대를 본격적으로 인식하기 시작했다고 언급하셨지요. 한
반도 남북의 정부, 그리고 남쪽(한국)의 민중이 오끼나와
의 '구조적 차별'을 해소하는 데, 더 나아가 동아시아의 평
화에 어떤 역할을 할 수 있다고 보시는지 한국 독자에게
좀 들려주시지 않겠습니까?.

아라사끼 한반도 분단이 구조적 차별과 어떻게 연결되는
지, 또 제가 한국이나 한반도를 어떻게 의식하게 되었는지
에 대해서는 방금 소개하신 제 글에 대개 밝혔지요. 그 글

에 쓴 범위 안에서 말씀드리자면, 제가 최초로 한국을 의식한 것은 1960년 안보데모 중에 가두선전차량에서 한국의 학생운동이 이승만 정권을 쓰러뜨렸다, 우리도 키시 내각을 타도해야 한다고 외치는 것을 들었을 때였습니다. 저는 재일교포를 포함해서 한국사람들과 직접 접촉할 기회가 거의 없었어요. 그런 가운데 1960년대 후반에 한정해서 말하자면 한국은 군사독재정권 아래 있었고, 그래서 오히려 처음에는 북한에 대해 친근감 같은 것이 있었지요. 제가 처음으로 가본 외국은 중국인데 문화대혁명 말기였고 그후에는 북한에 갔었습니다. 문화대혁명 시절 중국의 살벌한 사회적 분위기 속에서 생활할 수 있을지 동행한 사람들과 얘기한 적이 있는데, 저는 살 수 있을 것이라고 생각했지만, 북한에 가보니 그곳은 더 살벌해서 거기서 사는 것은 조금 무리겠다 생각했습니다.

저는 한반도의 남북문제를 어떤 형태로든 해결하는 데 있어서 가장 중요한 주역은 역시 한반도에 살고 있는 사람들이라고 생각합니다. 앞서 백선생님이 복합국가에 대해 말씀하셨는데, 연방제든 뭐든 간에 지금은 우선 현재 상황을 조금이라도 좋은 방향으로 움직이는 것이 주변에 사는 우리에게 매우 긍정적일 것이고, 우리가 할 수 있는 일이라면 반드시 함께하고 싶습니다. 북한에 대해서 얘기하자면, 최근 일본에서 보도되는 내용들에는 예컨대 '인공위성을 가장한 탄도미사일 발사'와 같은 편견이 빠지지 않고 나타납니다. 하지만 한국전쟁 이래로 핵이나 미사일로 가장 크게 위협을 받아온 것은 주변을 포위당한 북한이라고 생각합니다. 저는 두번밖에 가본 적이 없지만 그 국가체제 내부에는 모순을 느낄 만한 부분이 있긴 합니다. 하지만 그것을 무너뜨릴 수 있는 것은 절대로 지금 이루어지고 있는 경제제재 같은 방법이 아니고, 조금이라도 남북간 대화가 진행되는 가운데에서라야 그 가능성이 보일 것입니다. 일본이라는 국가의 틀 안에서 사는 우리가 할 수 있는 일이라면 예를 들어 일본정권의 배외주의적인 방해를 조금이나마 억지하는 것 등을 생각해볼 수 있습니다. 제가 가장 큰 문제라고 여기는 것은 고등학교의 수업료 무상화정책 대상에서 조선학교를 제외한 것입니다. 저는 하또야마 정권에 대해서 어느정도 긍정적으로 평가하지만, 그도 민주당 내부의 저항을 억제하려고 하지는 않았지요. 그뒤로는 이제까지 조선학교에 출자되던 자치체 보조금까지 중단되는 흐름이 강해지고 있어요. 납치나 미사일을 구실로 이루어지는 이러한 배외주의적인 움직임을 어떻게 비판할 수 있는가, 납치문제를 언급하면 어떤 일을 해도 된다는 식의 분위기를 일본 내에서 어떻게 무너뜨릴 것인가가 하나의 과제가 될 것입니다. 그것은 남북관계를 좋게 만들어가는 과정에 절대로 부정적인 영향을 미치지는 않을 것이기에, 바깥에서부터 분위기를 바꾸어가는 것이 바깥에 사는 우리가 할 역할이라고 생각합니다. 저 역시 남북관계가 조금이라도 더 화합하는 방향으로 나아가는 것이 동아시아 전체에 매우 큰 도움이 되리라고 생각합니다.

핵심현장으로서의 오끼나와, 그리고 오끼나와'학'의 가능성

백 그럼 이제 정말 마지막 질문을 드리겠습니다. 오끼나와는 최근 동아시아 지식인들 사이에서 점점 그 중요성이 크게 인식되고 있습니다. 그런 인식의 변화과정에서 '방법으로서의 오끼나와'라든가 '사상과제로서의 오끼나와'라는 용어도 제기되었고요. 그것은 모두 오끼나와문제를 각자 자신의 사회문제와 연결해서 보려는 지적 노력의 표현입니다. 그런데 저는 그 용어의 유용성을 인정하면서도 '핵심현장으로서의 오끼나와'라는 용어를 제안하고 싶어요. 이는 오끼나와가 이 지역의 모순이 응축된 장소이자 그 해결로 지역의 선순환적 상호작용이 이뤄질 장소란 뜻입니다.

선생님은 이 책에서 "오끼나와 군사기지는 동아시아에서 대두하는 중국과 패권의 유지를 꾀하는 미국이 일본과 한국을 종속시키는 형태의 국가간 긴장상태를 낳는 것을 전제로 존재한다. 동아시아에서 국경을 넘는 민중의 교류와 상호이해를 심화하는 일은 그러한 전제를 부단히 돌파하는 역할을 맡고 있다"(201면)고 지적하신 바 있습니다. 이 구절은 바로 제가 말하는 '핵심현장으로서의 오끼나와'란 뜻과 통하지요.

저는 현재 동아시아질서를 유지하는 '핵심현장'이 존재하는데, 그 하나가 오끼나와이고, 또 하나가 분단된 한반도라고 봅니다. 이 두 핵심현장은 서로 연동관계에 있지요. 선생님이 "한국 민중운동과의 교류는 야마또와 오끼나와의 이항대립 또는 미국·일본·오끼나와 삼자관계의 틀안에서만 문제를 파악하려는 경향이 있던 오끼나와 민중운동의 시야를 동아시아로 넓혀주었다"(196~97면)고 지적하셨는데, 똑같은 이야기를 오끼나와 민중운동과 교류하는 한국의 민중운동에도 적용할 수 있겠지요.

이같은 '핵심현장'은 오늘날 지역(local)문제를 통해 일국과 동아시아, 더 나아가 세계를 새롭게 보는 데 긴요한

창(窓)이 될 것입니다. 바로 이런 이유로 저는 오끼나와가 새로운 학문의 촉매가 된다고 보는 거예요. 그 새로운 학문은 또한 새로운 연구태도를 요구하지요. 그 점은 선생님의 연구작업에서 잘 드러납니다. 선생님은 자기 자신을 순수한 연구자로 보지 않고, 오끼나와문제를 연구대상으로 삼아서 비로소 그에 관심을 가진 것이 아니라 '반드시 해결해야 할' 과제이기에 그것을 목표로 삼아 연구하기 시작했다고 하셨어요. 그런데 그 성과는 이제 동아시아에서 점점 더 넓은 반향을 불러일으키고 있습니다. 선생님이 추구한 오끼나와 '학'에 근거해 새로운 학문의 가능성에 대한 견해를 듣고 싶습니다.

아라사끼 '방법으로서의 오끼나와'나 '사상과제로서의 오끼나와'보다는 '핵심현장으로서의 오끼나와'가 아주 좋은 표현으로 여겨져서 저도 이 말을 써볼까 하고 생각할 정도입니다만, 그 오끼나와연구라거나 오끼나와학이라는 것은 어떤 가능성을 지니는 것인지요?

백 그것은 일본만의 과제가 아니라 동아시아에 걸친 과제로서 대안적 학문의 가능성에 대한 관심입니다.

아라사끼 그렇군요. 그런데 '학'이나 '학문의 가능성'이라고 하시면 저는 잘 모르겠습니다. 왜냐하면, 다른 곳에도 쓴 적이 있지만 저는 학자가 되겠다거나 연구자가 되겠다거나 학문을 해야겠다 같은 생각을 별로 해본 적이 없어서요. 학생시절부터 오끼나와문제를 천착했는데 '어째서 이런 부조리한 문제가 존재하는가'라는 의문이 출발점이었습니다. 제가 고등학교에 입학한 해 4월에 마침 대일평화조약이 발효되어서 오끼나와는 일본에서 분리되었지요. 당시 저는 토오꾜오에 살고 있어서 도립고등학교에 들어갔는데, 그 학교의 교장이 전교생과 교직원을 불러모아서 "오늘부로 일본은 기쁘게도 독립을 했습니다. 만세삼창을 합시다"라고 했어요. 하지만 오끼나와는 일본에서 분리당하고 계속해서 미군정하에 놓이게 되었는데, '그런데 만세라니? 어떻게 된 거지?'라는 데서부터 저의 오끼나와에 대한 천착이 시작된 것입니다. 오끼나와를 어떻게 할 것인가만이 저의 과제였지요. 대학 졸업논문에서도 오끼나와문제를 다뤘는데, 학술논문의 주제로 오끼나와를 선택한 것이 아니었습니다. 저는 오끼나와문제 이외의 것에는 전혀 관심이 없었어요. 대학을 졸업하고 대학원에 진학해 연구자가 된다는 진로도 생각해본 적이 없었습니다. 물론 오끼나와 현상은 슬로건적인 운동만으로는 타개할 수 없고, 어째서 이런 정치적 구조가 나타나게 된 것인지 역사적으로 제대로 해명하고 미래의 전망을 지닌 제언을 언론활동을 통해서 적극적으로 전개하는 것이 스스로의 역할이라고 여기면서 해왔지만, 그것을 학문이나 연구라고 생각한 적은 없습니다. 어쩌다보니 몇권의 책을 썼고, 오끼나와가 복귀한 뒤로는 일본 문부성이 없애버릴 심산이었던 대학을 재건하는 도우미로 오끼나와대학에 초빙되어 눈앞의 일을 처리하다보니 총장이나 이사장까지 맡을 수밖에 없었지만, 제게는 학자가 되겠다는 마음은 전혀 없었고 지금도 딱히 학문을 하고 있다는 느낌은 갖고 있지 않거든요.

백 그것도 제가 생각하는 새로운 학문, 달리 말하면 '운동으로서의 학문'입니다.

아라사끼 그런데 그것을 학문이라고 생각한 적이 별로 없어서인지, 막상 그런 이야기를 들으면 '아아, 그런가' 하고 새삼스러운 느낌이 드는군요. 저를 두고 연구자나 학자라고 말하면 뭔가 쑥스럽다고 할지, 예나 지금이나 저를 표현하는 데는 어울리지 않는 말이라는 생각입니다. 그렇기에 새로운 학문으로서의 가능성에 대해서도 제가 대답할 수 있는 것인가 싶습니다. 분명히 오끼나와에는 일본이라는 척도로는 측정할 수 없는 다양한 독자성이 있고, 그것들은 구래의 학문들이 대상으로 삼을 때 보고(寶庫)라고

얘기되곤 하지만, 백선생님이 말씀하시는 것은 아마도 그
것과도 다른 것인 듯하군요. 동아시아 전체의 문제를 해결
하기 위한 '운동으로서의 학문'이라고 말씀하신다면 제가
하고 있는 일과도 다소의 접점이 있을 것 같습니다. 하지
만 그러한 학문을 자각적으로 구축해가는 것은 아마도 다
음 세대가 맡아 할 일이겠지요.

*

아라사끼 선생과 인터뷰를 마치고 난 뒤 오끼나와 나하
에서 1월 26일자 『류우뀨우신보』에 실린 그의 인터뷰 기사
를 읽었다. 현의회를 중심으로 전체 시·정·촌장이 토오꾜
오에 건너가 국가에 지역민의 뜻을 전달하는 전에 없던 사
건은 그가 말하는 '구조적 오끼나와 차별'을 인정하지 않
겠다는, 오끼나와의 총력을 기울인 노력이라 하겠다. 그
결과는 어찌 될 것인가. 이에 대해 그는 다음과 같이 말하
고 있다.

"이것은 오끼나와의 의지를 관철할 수 있는가, 또한 일
본에 지방자치나 민주주의란 무엇인가를 되묻는 것이다.
한 지역사회 전체의 뜻을 깡그리 무시하고 안전보장정책
은 국가의 전권사항이라고 말하며 강압하는 것이 일본이

란 국가의 존재방식인가. 그런 의미에서 일본 전체의 존재를 되묻는 것이다."

3·11동일본대지진 이후 일본사회에서 주류 언론과 중앙정부에 대한 불신이 커지고 민주주의에 대한 환멸이 확산되는 분위기가 감지된다. 그런데 오끼나와 주민은 온힘을 기울여 그들의 생존권을 지키면서 일본 민주주의의 존재방식을 되묻고 있다. 그들의 치열한 질문이 어찌 오끼나와인(우찌난쭈)이 본토인(야마똔쭈)의 자각을 촉구하는데 그치겠는가. 그것은 바로 '구조적 차별'에 대해 '사고정지 상태'에 놓인 한 사람 한 사람 모두의 각성을 촉구하는보편적 운동의 기폭제이다. 그를 만나러 오끼나와에 내가온 이유가 바로 여기에 있다.

〔녹취: 사까모또 치즈꼬坂本知壽子〕

옮긴이의 말

　지난 4월 28일 저녁 우연히 NHK 뉴스를 보는데 대조적인 두 장면이 눈길을 끌었다. 아베 신조오(安倍晉三) 총리와 아끼히또(明仁) 일왕 등이 참여한 '주권회복기념식'에 이어, 이 행사에 반대하는 오끼나와 주민집회가 보도된 것이다. 이 장면이야말로 일본본토와 오끼나와의 거리를 극명하게 보여준다.

　1945년 8월 일본은 2차대전에서 항복한 뒤로 한동안 연합군(사실상 미군)의 군정치하에 놓였다가 1951년 맺은 쌘프란시스코강화조약이 그 이듬해 발효됨에 따라 연합군 점령에서 벗어나게 되었다. 그 발효 개시일이 1952년 4월 28일이니, 올해로 61주년이 된다. 일본의 우익세력은 그 4

월 28일에 '주권회복일'이란 의미를 부여하고 1997년부터 민간차원의 기념행사를 열었다. 자민당은 작년(2012) 중의원 선거과정에서 '주권회복의 날'을 공식 정부행사로 치르겠다고 공약했고, 올해 그 공약을 지킨 셈이다. 그런데 오끼나와는 1952년의 조약 발효에도 불구하고 여전히 본토와 분리된 채 미국의 시정권 아래 놓여 있다가 20년이 더 지난 1972년에야 일본에 반환됐다. 이 때문에 오끼나와 주민들은 강화조약 발효의 날을 일본에 버림받은 '굴욕의 날'로 여긴다. 그러니 정부가 나서서 기념식을 축하행사로 치르는 것을 용납할 수 없어 따로 항의집회를 연 것이다.

오끼나와대학 전 총장 아라사끼 모리떼루 선생은 '주권회복의 날'과 '굴욕의 날'이라는 이 날카롭게 대조되는 두 역사기억의 거리를 진작부터 '구조적 오끼나와 차별'의 소산이라고 규정하고 그로부터 벗어나려는 오끼나와인의 저항운동이 일본에서 진정한 민주주의의 촉매가 될 것이라고 본다. 그 주장의 핵심을 잘 요약한 책이 바로 이『오끼나와, 구조적 차별과 저항의 현장』(원제 構造的沖繩差別)이다. 그의 저서는 이미 두권이 한국어판으로『또 하나의 일본, 오끼나와 이야기』(김경자 옮김, 역사비평사 1998), 『오키나와 현대사』(정영신 옮김, 논형 2008)로 간행된 바 있다.

그런데 이같은 오끼나와문제와 주민운동은 지금 동아시아의 비판적 지식인들로부터 국민국가를 상대화할 수 있는 계기로서 집중조명되고 있다. 희생자인 오끼나와에 '죄책감'을 느끼는 일본 지식인들이 그에 관심 갖는 것은 당연하겠지만, 그간 무관심하던 중국어권에서도 이 문제에 대해 발언하기 시작했다. 중국의 쑨 거는 일본본토에서는 경험한 적 없는 자유로운 정신과 억센 생활감각을 오끼나와에서 맛보고, 국민국가라는 단위에 갇히지 않는 감각을 배우고자 한다. 국민국가로 환원할 수 없는 풍부한 아이덴티티가 존재하는 오끼나와인의 정치적 경험에 대해, 왕 후이(汪暉)는 오끼나와의 '애매한 독립성과 독특성'은 단순하게 '민족독립'을 추구하는 것이 아니라 일종의 자주적인 새로운 정치형식을 추구하는 것이라고 긍정적으로 평가한다. 타이완의 천 광싱은 오끼나와 주민운동의 누적된 경험이 동아시아 연대와 세계변혁의 추동력이 될 것으로 기대한다.

이런 관심과 주목의 한편에서 최근에는 동아시아 '비판적 지식인'들의 오끼나와에 대한 관심에 가하는 쓴소리를 접하게 되었다. 간단히 옮기자면 '일본의 존재방식'에 대한 비판을 위해 오끼나와를 일종의 '메카'로서 정치화하

다보면 거기에 살고 있는 사람들의 고통을 '무화'해버리는 것은 아닌가 하는 문제제기다. 주민의 고통에는 아무런 개입도 할 수 없는 채로 오끼나와를 일본 비판의 방편으로밖에 다룰 수 없다면 그것은 '오끼나와의 관객화'에 다름 아니라는 것이다(洪玧伸「韓國における沖繩學の現在」, 富山一郎·森宣雄『現代沖繩の歷史經驗: 希望, あるいは未決性について』, 靑弓社 2010).

오끼나와를 일본 비판의 방편으로 이용하는 태도는 이번 4월 28일의 주민시위를 보도하는 한국 언론에서도 드러난다. 그동안 오끼나와주민의 반기지운동이나 그 배후에 작동하는 오끼나와-일본-미국의 연결구조, 곧 '구조적 오끼나와 차별'에 눈감고 그 연결고리인 오끼나와 미군기지의 존재를 당연시하며 별 관심이 없던 한국의 보수신문이 그날의 시위를 크게 보도한 것이 그 단적인 예다(「'아베 만세삼창'에 분노한 오키나와 "日서 독립하고 싶다"」, 『조선일보』 5. 2). 침략의 역사를 부인하고 재무장을 추진하려는 아베 정권의 움직임을 위협으로 간주하기에, 그에 저항하는 오끼나와 주민운동에 주목하는 것이다.

그러나 보수언론이야 그렇다 치더라도 비판적 지식인들은 "오끼나와를 일종의 '메카'로서 정치화"하는 것은 아닌가라는 심문에서 자유로운가. 옮긴이가 아는 한, 오끼나와의 비판적 지식인들은 외부에서 자기 지역에 과잉 기대를 거는 것을 부담스러워하는 면이 분명히 있다. 작년 10월 상하이(上海)에서 열린 '2012 아시아 사상계 포럼'(World in transition, Imagination in flux — Asian Circle of Thought, 2012 Shanghai)에서 오끼나와대학의 와까바야시 치요(若林千代) 교수가 "오끼나와 속에서 오끼나와를 정말로 비판적으로 검증하고 전체로서 사회를 전진시키는 상태가 중요하다"고 명확히 밝힌 것은 그런 자각에서 우러나온 생생한 증거라 하겠다.

그렇다면 오끼나와 밖의 지식인들이 이와 같은 오끼나와 지식인의 성찰적 자각에 호응하면서 지역주민의 고통을 포함한 총체적 삶에 진정한 관심을 갖고 있는지 물을 차례다. 그 물음에 제대로 답하려면 오끼나와인이 겪어온 역사가 우리와 무관한 것이 아니라 직간접적으로 서로 연루되어 있음을 깊이 인식할 수 있어야 한다.

한국에서 지금까지 오끼나와를 어떻게 인식해왔는지 역사를 거슬러올라가면, 먼저 '교류대상으로서의 오끼나와'를 만날 수 있다. 5세기 초 쇼오씨(尚氏)에 의해 통일왕조가 된 류우뀨우왕국(琉球王國)은 중국의 명·청, 일본, 조선 및 동남아국가들과의 중계무역을 통해 부를 축적하고 나름대로 독자적 문화를 발전시킨 일종의 교역국가로, 동아시아 여러 국가들을 잇는 바닷길의 핵심기지였다. 한반도와는 고려 말기부터 조선까지 약 3백년간 주로 교역과 문물교류 등의 선린관계를 유지했다. 표류민문제는 그 교류의 일부로, 근래에는 홍길동이 실재인물로 류우뀨우에 망명했다는 설이 제기되기도 했다. (이처럼 우리 역사와 연결된 대상을 지칭할 때 우리말 한자음으로 '유구'라 부르기도 한다.)

그런데 조선왕조와 외교관계를 맺은 류우뀨우왕국은 1609년 사쯔마번의 침공을 받은 이후 막번제(幕藩制)국가 속의 '이국(異國)'으로 존재했다. 화이질서 아래 중국과의 교역관계를 유지하기 위해 토꾸가와(德川)막부는 정략적으로 류우뀨우에 왕국으로서의 존립을 허용했다. 그 덕에 류우뀨우는 일본과 중국 모두에 조공을 바치는 이중관계를 맺으면서 독립을 유지할 수 있었던 것이다.

류우뀨우왕국이 메이지유신에 성공한 일본정부에 의해 강제복속당해 하나의 오끼나와현으로 재편된 것은 1879년이다(이른바 제1차 류우뀨우처분). 이때부터 한국에는 '가해자이자 피해자로서의 오끼나와'가 되었다. 독립왕국이 일본

제국의 일부로 강제편입되었다는 점에서 조선과 마찬가지로 피해자였으나, 동시에 일본의 일부가 됨으로써 제국의 남문(南門)으로서 조선·중국·타이완에 대한 침략자 곧 가해자의 역할도 맡았던 것이다. 이런 이중적 역할은 오끼나와인 사이에 떠돌던 이야기, 즉 '일본제국의 맏아들은 오끼나와, 타이완은 둘째아들, 조선은 셋째아들'이란 말에서 잘 드러난다. 같은 식민지로서 운명공동체이나 그 안에도 식민지근대에 편입된 시기에 따라 위계가 있다고 오끼나와인들은 인식했던 셈이다. 일제강점기에는 조선에서 대략 1만명 내지 2만명의 군노동자와 1천명의 군위안부가 오끼나와까지 강제동원된 것으로 추정된다.

일제에 대한 오끼나와의 위상과 동원된 조선인의 처지를 극명하게 보여주는 사건이 1945년 3월에 시작된 오끼나와전투에서 발생했다. 오끼나와는 일본본토의 일부로 끝까지 사수된 것이 아니었고 미군을 묶어두어 종전교섭 시간을 버는 데 활용된 출혈의 소모전인 오끼나와전투에서 오끼나와인들은 처참하게 희생당했다. 그 과정에서 일본군에 의한 집단자살 강요가 있었다고 해서 지금도 그 사실 여부를 둘러싸고 논란이 끊이지 않고 있다. 그 희생자 속에는 적지 않은 조선인이 있었다. 오끼나와전투에서 벌어진 일본군의 조선인학살 때문이다. 일본인 여성과 결혼해 살던 조선인 남성과 그 아들이 모두 학살된 이른바 '조선인일가 학살사건'이 밝혀지기도 했다. (이 장면은 후뗀마 미군기지에 인접한 사끼마미술관佐喜眞美術館에 상설전시된 마루끼 부부丸木位里·丸木俊의 대형그림「沖繩戰の圖」에 충격적으로 묘사되어 있다.)

2차대전이 끝나고 냉전기로 들어간 이후 한국과 오끼나와의 역사적 관계는 사실상 단절되었다. 1950년대에는 한국전쟁, 1960년대는 베트남전쟁의 배후지원지로 미군기지가 있는 오끼나와가 중시되었다. 이때 '유구'가 아닌 '오끼나와'란 명칭이 쓰이게 되었다. 한국인에게는 '미국에 매개된 오끼나와'로 군사적·정치적 영역에서 인식된 것이라 하겠다. 이를테면 1971년 오끼나와의 일본반환 문제가 논란이 되었을 때 한국의 정부와 언론은 오끼나와에 관심을 가졌다. 이는 물론 한국의 남북관계 특히 한국의 안보에 직접적으로 영향을 미쳤기 때문인데, 당시 한국정부는 물론이고 일부 언론에서도 오끼나와의 핵무기를 한국의 제주도로 가져오자는 주장이 나올 정도였다. 그러한 냉전적 사고 속에서 오끼나와가 중시되는 바람에 1972년에는 오끼나와에 한국영사관이 설치되고, 1975년에는 유신정부에 의해 '한국인위령탑'이 건설되었다. 이 위령탑은 가해자와 피해자의 구별의식도 없이 서둘러 세워졌다고 지금도 비판받고 있는데, 이 또한 당시 오끼나와문제를 냉전적 사고에 갇혀 인식한 탓이다.

1990년대 이후로는 '관광지로서의 오끼나와'와 더불어 '연대의 대상으로서의 오끼나와'가 부각되었다. 희생당한 군노동자와 군위안부에 대한 조사·위령사업으로 시작해, 냉전기 국가폭력에 희생당한 제주도 4·3사건에 견주어 오끼나와인의 체험을 공유하면서 오끼나와에 관심을 갖는 움직임이 1990년대 이래 이어져왔다. 미군기지 반대운동의 동아시아 네트워크를 형성하기 위해 그들과의 연대운동도 점차 추진되었다. 그런 연대운동과정에서 식민지시기 희생당한 조선인들에게 사죄하고 조선/한국과 오끼나와의 공생을 다짐하는 '한의 비'(恨之碑)가 2006년 오끼나와 시민활동가들에 의해 세워지는 성과도 있었다. 그리고 2006년 계간 『창작과비평』 창간 40주년을 기념하는 '동아시아 비판적 잡지 회의'가 열린 이후 오끼나와 비판적 지식인과의 교류는 동아시아 차원의 교류의 일환으로 조금씩 폭과 깊이를 더해가고 있다.

아라사끼 모리떼루 선생의『오끼나와, 구조적 차별과 저항의 현장』을 처음 접한 것도 바로 이같은 교류활동의 장에서였다. 앞서 언급한 '2012 아시아 사상계 포럼'에서 저자는 자신의 신간을 한국 참가자에게 기증했는데, 그 가치를 즉각 알아본 백낙청(白樂晴) 선생이 한국어판 출간을 제안했다. 이 책을 올해 6월 말 오끼나와에서 또 한차례 열리는 '2013 동아시아 비판적 잡지 회의'를 앞두고 출간하게 되어 뜻깊다.

한국어판이 나오기까지 여러분의 도움을 받았다. 먼저 와까바야시 치요 교수에게 감사드린다. 그는 「부록 2·대화」의 준비를 포함해 저자와 관련된 모든 연락을 도맡아주었다. 또한, 「부록 1」에 실은 저자의 한국 관련 글을 이 책에 수록하도록 승낙해준 리쯔메이깐대학 코리아연구센터와 그 과정에서 도와준 서승(徐勝) 교수, 모리 토모오미(森類臣) 전임연구원에게도 고마운 마음을 전한다.

이 번역은 일본사를 전공하는 이한결 군이 초역한 것을 백영서가 다시 손보고 불충분한 점은 서로 상의해 확정한 공동작업의 결실이다. 그 과정이 사제간에 서로 배우는 보람있는 작업이었음을 특히 적어두고 싶다. 일본어 대담을 깔끔하게 정리해준 사까모또 치즈꼬(坂本知壽子) 씨의 성실한 작업도 잊을 수 없다. 충실한 한국어판이 나오도록 힘써준 정편집실 김정혜 씨에게 각별한 고마움을 전한다.

오끼나와 전문가도 아닌 옮긴이가 무모하게 이 책의 번역에 나선 것은 오끼나와인(우찌난쮸)의 총체적 삶을 온전히 이해하고 그들과 연대하면서 자기성찰의 계기를 삼고자 하는 마음에서이다. 중화제국-일본제국-미국으로 이어지는 중심축의 이동에 의해 위계지어진 동아시아질서 속에서 연동하는 오끼나와와 한국의 역사에 드리워진 무게를 온몸으로 감당하는 일은 평화와 공생의 동아시아를 실현하는 원동력이 된다. 이 책을 통해 더 많은 독자가 이 사실을 체득할 수 있기를 기대한다.

2013년 5월
옮긴이 백영서

아라사끼 모리떼루新崎盛暉   역사학자이자 오끼나와 평화운동진영의 원로로 현재 오끼나와대학교 명예교수. 1974년 오끼나와대학교에 부임해 대학 재건에 힘쓰는 한편 다양한 주민·시민운동에 참여했다. 1999년 8월부터 오끼나와 평화운동단체 연합체인 '오끼나와평화시민연락회' 대표간사를 맡고 있다. 『오끼나와문제 이십년』『오끼나와 전후사(戰後史)』(이상 공저) 『오끼나와 반전지주』『오끼나와 동시대사』『오끼나와 현대사 신판』 외에 다수의 저서가 있다.

백영서白永瑞   연세대학교 사학과 교수이자 국학연구원장으로 재직 중이며, 계간 『창작과비평』 주간이다. 저서로 『중국현대대학문화연구』『동아시아의 귀환』『동아시아의 지역질서』(공저) 『동아시아인의 '동양' 인식』(공편) 『대만을 보는 눈』(공편) 『思想東亞: 韓半島視角的歷史與實踐』 등이 있다.

이한결   연세대학교 사학과를 졸업하고 연세대학교 사학과 석사과정에 재학 중이다. 일본근대사, 특히 일본의 아시아관을 주요 관심사로 공부하고 있다.

오끼나와, 구조적 차별과 저항의 현장

초판 1쇄 발행 / 2013년 5월 31일

지은이 / 아라사끼 모리떼루
옮긴이 / 백영서 이한결
펴낸이 / 강일우
책임편집 / 정편집실
펴낸곳 / (주)창비
등록 / 1986년 8월 5일 제85호
주소 / 413-120 경기도 파주시 회동길 184
전화 / 031-955-3333
팩시밀리 / 영업 031-955-3399 편집 031-955-3400
홈페이지 / www.changbi.com
전자우편 / human@changbi.com